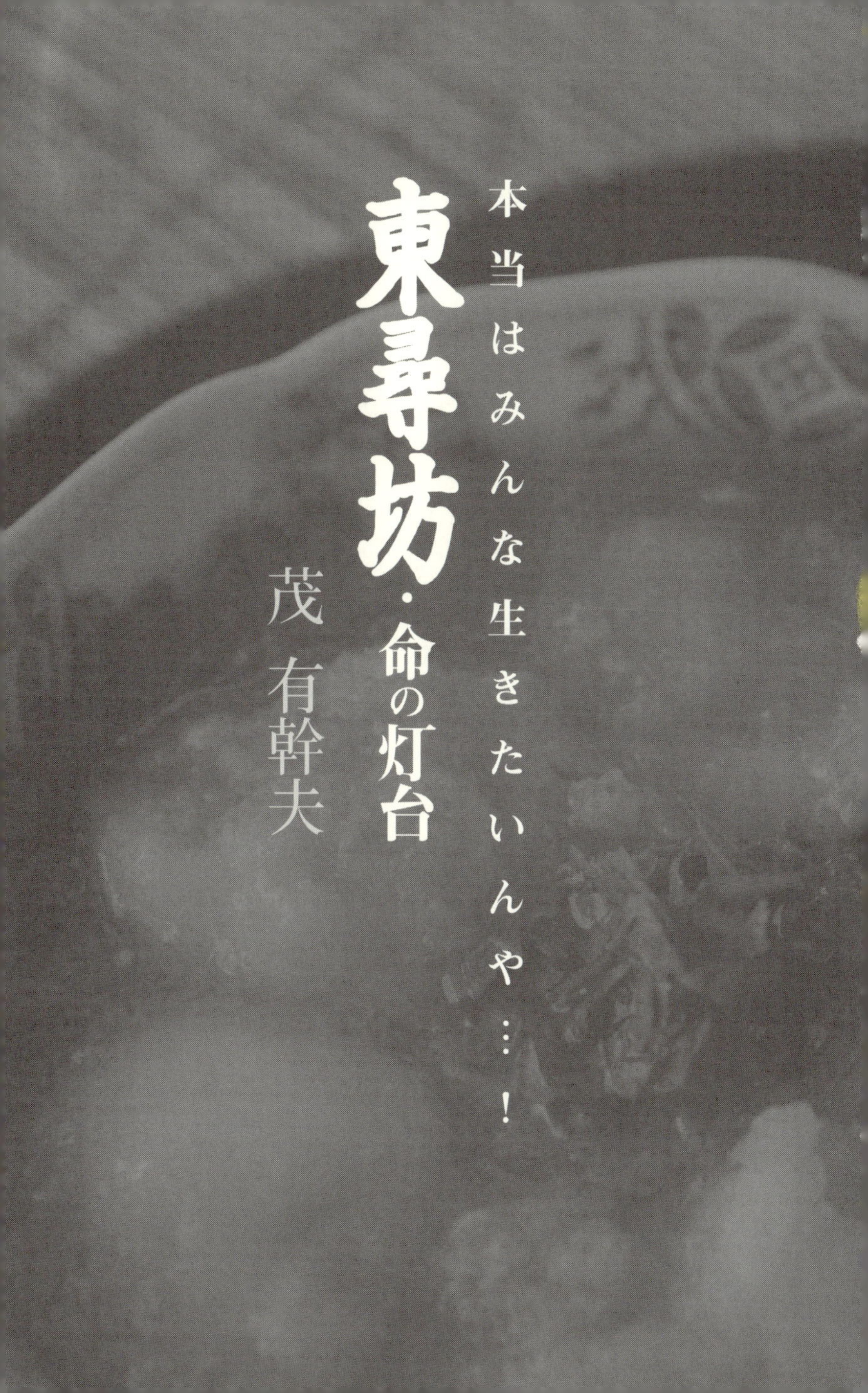

本当はみんな生きたいんや…！

東尋坊・命の灯台

茂 有幹夫

はじめに……

「私は死にたいんです……」

「勝手に死なせてください」

「なぜ、死んだらいけないのですか」

「毎日が苦しいんです……。苦しくて、もう生きていけないんです！」

「こんなに苦しいのに、なぜ生き続けなければ、ならないのですか？」


この悲痛な叫びに対して、あなたはどう答えますか？

「私にはどうすることもできませんので『お好きなようにどうぞ！』」

と言えますか？

こんな叫びを上げている人に、あなたは「自殺をしてはダメだ！」と、はっきりと言えますか？

恐らく死のうとしている人は次のように反論すると思います。

「あなたはどうしてそんなに偉そうに『自殺をしてはダメだ』と言えるの」

「それじゃ、あなたの言うとおり自殺はしませんから、私のこの苦しみを取り除いてください」

「私が死ななくてもすむ、住みよい環境に整備してくれますか?」


私は今日までに東尋坊の水際で、このような叫び声を上げている人たち、約百人と遭遇してきました。

彼らは皆、まだまだ生き続けていたいのです。心の奥底では、

「だれか私を助けてください」

と叫んでいるのです。

「死を見つめている人」たちは、この世の未練を捨て、この世で出会った人々に別れを告げ、心の整理をして「死の淵」に立っています。しかし、このターニングポイントである分岐点に立つと、やはり心の奥からこの世に対する未練が込み上げてくるのです。
「まだ、生きていたい！」
「死ぬのが怖い！」

　こうして決断ができず、死の淵で何時間も何日もさ迷うのです。

　彼らと出会ったとき、私たちはこう言って元気づけています。

「人生あきらめたらアカン！」

「死んだらダメだよ！」

「生きてさえおれば、必ず、生きていて良かったと思うときがきますよ」

「この世は、雨の日ばかりは続きませんよ！　必ず晴れる日が来ますから……」

私たちに言えることは、そう多くはありません。自殺を止める特効薬のような言葉などないからです。しかし、ここから少しずつ生きる勇気と希望を持ってもらい、人生の再出発を切ってもらうのです。

これは東尋坊で自殺防止活動を続ける私たちの活動の記録です。

そして同時に、東尋坊に人生の終着点を求めに来た人たちの命の記録でもあるのです。

目次

はじめに　2

【序章】……活動の始まり　11

【第一章】……東尋坊の断崖から　29

都会のオフィスに宿る深い闇……
『私はいつでも取り替えがきく部品なんです』　30

［コラム］……自殺の名所と言われる東尋坊　58

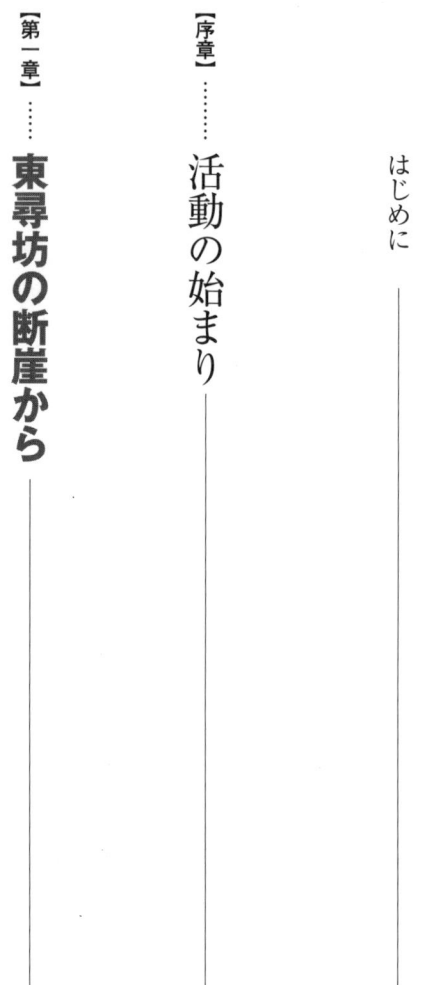

どこまでも続く、先の見えない孤独……
『私にはもう、生きる資格がないんです』 60
〔コラム〕……おろし餅の由来 98

だれにも迷惑をかけない場所へ……
『未来への希望なんて何もない』 102
〔コラム〕……東尋坊標語 138

傷つけるのも人、救うのも人……
『それぞれの未来駅へ』 140
〔コラム〕……自殺企図者に男性が多い理由 174

幼い子どもを連れて……
『もう私たちに構わないでください』 178

【第二章】……**一緒に歩いてあげて！** 195
奈良いのちの電話講演会にて 196
死を思う人へ 206
幸せとは 207
自殺はなぜいけないのか 209
【第三章】……**東尋坊で出会った人々** 213
平成17年からの遭遇事例 214
東尋坊での自殺の現状 ～過去30年の統計～ 225
［コラム］……福祉施設 226

【終章】……「死にたいヤツには死なせておけ」か？——233

序章

活動の始まり

日本海に突き出た切り立った断崖。
複雑な入り江。
グレー一色が支配する世界。

ぜひ皆さんにも一度、東尋坊にお運びいただき、その絶景を堪能していただきたいと思います。

奇景とも言われる断崖。その自然が生み出した厳しい美しさに畏敬を覚えるかもしれません。海抜二十五メートルある岩石は特別天然記念物に指定された六角柱、五角柱の安山岩柱状節理群からなり、世界で三本の指（韓国の金剛山、ノールウエーの西海岸）のひとつとして讃えられています。

左方には三里浜と呼ばれる砂浜と松林が連なり、遠くには標高約三百メートルある国見岳が見えます。また斜め右方向には、雄島と呼ばれる小さな無人島があり、通称赤橋と呼ばれている橋で陸とつながっています。その橋を渡るとすぐに鳥居があるため、島全体が神社の境内といった感じがします。

鳥居をくぐって島の最先端まで歩いて行くと、そこには海上保安庁の監視所が一軒建っています。この監視所は、大陸から日本海を渡って不法侵入して来る外国船を見張るための無人施設です。過去に何回かハングル文字で書かれている小型の難破船や北朝鮮人と思われる死体、また覚せい剤が詰まっている缶詰などが波打ち際に打ち寄せられてきたことがありました。そのため、日本海からの不法侵入を阻止するために監視をしているのです。

東尋坊は、ぐるりと歩けば三時間、岩場をちょいと覗くのなら三十分の観光地です。絶景の観光地でもあり、別名「自殺の名所」とも言われるここ福井県・東尋坊の水際で、私どもが自殺防止活動を開始して、はや三年目となります。

なぜ私がこのような活動を始めたのか……。まずは、私がこの活動を始めるきっかけとなった出来事についてお話ししたいと思います。

＊　＊　＊　＊

平成十五年九月三日、午後六時頃。東尋坊が少し薄暗くなった頃でした。人影もない松林の中にあるベンチで、会話をしているのでもなく、ただ時間待ちをしているだけの二人連れと遭遇しました。一人は五十五歳の男性でベンチに横たわり、隣には七十二歳の女性が座っていました。

それまでの約十年間、一緒に東京都内の店舗を借り受けて居酒屋を経営し、つましく暮らしていたといいます。それがここ数年で急激に客足が落ち込み、二百万円の借金を抱えてしまったのだそうです。

将来の夢も希望も消え失せ、アパートや店舗をたたみ、自殺の名所と呼ばれている福井県・東尋坊で自殺をすることを決めてやって来たのです。

「日没を待って海へ飛び込もうと思いまして……」

私はその場で約三十分間話を聞き、再起の約束をして別れようとしました。しかし別れ際、二人の手首にカミソリで切ったまだ新しい傷があることに気づいたのです。私は急遽地元の病院へ入院させ、地元の福祉課に対して現在地保護（住所が明らかな場合であっても、困窮している場＝現在地を基点として保護を開始する、という規定）の手続きをお願いしたのです。

とりあえずひと安心……と胸をなで下ろしていた私のところへ、五日後、二人から手紙が届きました。その全文をここで紹介させていただきます。

前略　先日は私たち二人の生命を助けてくださってありがとうございました。

助言いただいたとおり、金沢市役所にて老人施設による保護（七十二歳の同伴した女性の保護）をお願いし、私（同伴した五十五歳の男性）が働いて迎えに行くことをお願い致しました。しかし、

「当県の者が入居できないのに他県の者などもってのほか……」

などと言われ、簡単に一人金五百円の交通費で追い払われ、次は小矢部へどうぞと言われて行きますと、

「はい五百円ずつ」

次は富山です。

富山では魚津へどうぞ、魚津では泊（朝日町役場）へどうぞと、順に巡るうちに一日が終わり、次は糸魚川の駅前で野宿をして朝になりました。そして市役所に行きますと、本日は役所は休みですと警備員に言われ、交通費の話をすると、

「何だ、放浪者の金か！」

と言われました。さすがにムーッとしましたが、このまま辞めてしまってはと、せっかく助けてくださったことを思い出し、

「すみませんが雷雨なのでいらない傘をいただけませんでしょうか」

と言うと、

「何だ、二本もいるのか、良い物着ているのに！」

と言われたので、

「好きでやっているんじゃない！」

と言って立ち去りました。

次の直江津では、うちは四百円しか出せないと言われ、服装と荷物を確認されて、信越廻りで帰るよう指示されました。これにより所持金のマイナスが出ましたが、柏崎までまいり、柏崎市役所に行きますと、一人七百円です、と渡されました。

その日の終電車で次の長岡市へとまいり、今度は、市役所まで徒歩で三十分間ほど時間をかけて行きますと、小千谷までの運賃として一人分金三百二十円ずついただきました。

三日三晩、野宿で頑張ってまいりましたが「もうこのへんが辛抱の潮どき」とあきらめました。

思えば役場の人から「死ぬならどうぞ」と言われ、副署長さん以下の人に相談し、東京に帰京しようと決意致しましたが、一人五百円の「乗り継ぎ人生」もいよいよこの長岡で力が尽きてしまいました。

行く先々での白い目、足も痛くて腫れ上がりました。死ぬ気になった連れの女は、痛さが増し続け、長岡が最終の地と決断致しました。

過酷な旅となりましたが、頑張り続けた二人の努力は認めてください。

相談しようと三国署に行った際にはもう一度東尋坊より自殺しようと決めていた二人でしたが、皆様の励ましのお言葉をいただき、頑張り直そうと再出発致しました。しかし、いかに普通の人間であっても苦しいと思います。疲れ果てた二人には到底戦っていく気力もなくなりました。

保健所か福祉の人に「死ぬならどうぞ」と言われた言葉と、心から努力していただいた三国署の副署長さん以下の皆さんの御心はこれから先、死んでも忘れることはないと思います。

しかし、福井から東京では、普通の人でも辿り着けないかなり難しい道のりかと思います。

せっかく死ぬのが恐ろしくなっていた二人でしたが、今一度決意致しました。絶望の日々により希望をめざす心など粉々に砕くにはさして日数はかかりませんでした。

これから、この様な人間が三国に現れて同じ道のりを歩むことのないように二人とも祈ってやみません。

平成十五年九月七日

三国警察署　副署長　茂　有幹夫様

※最後に男性の署名、そして「私からも、ありがとう御座いました」という女性の署名が添えられていました。

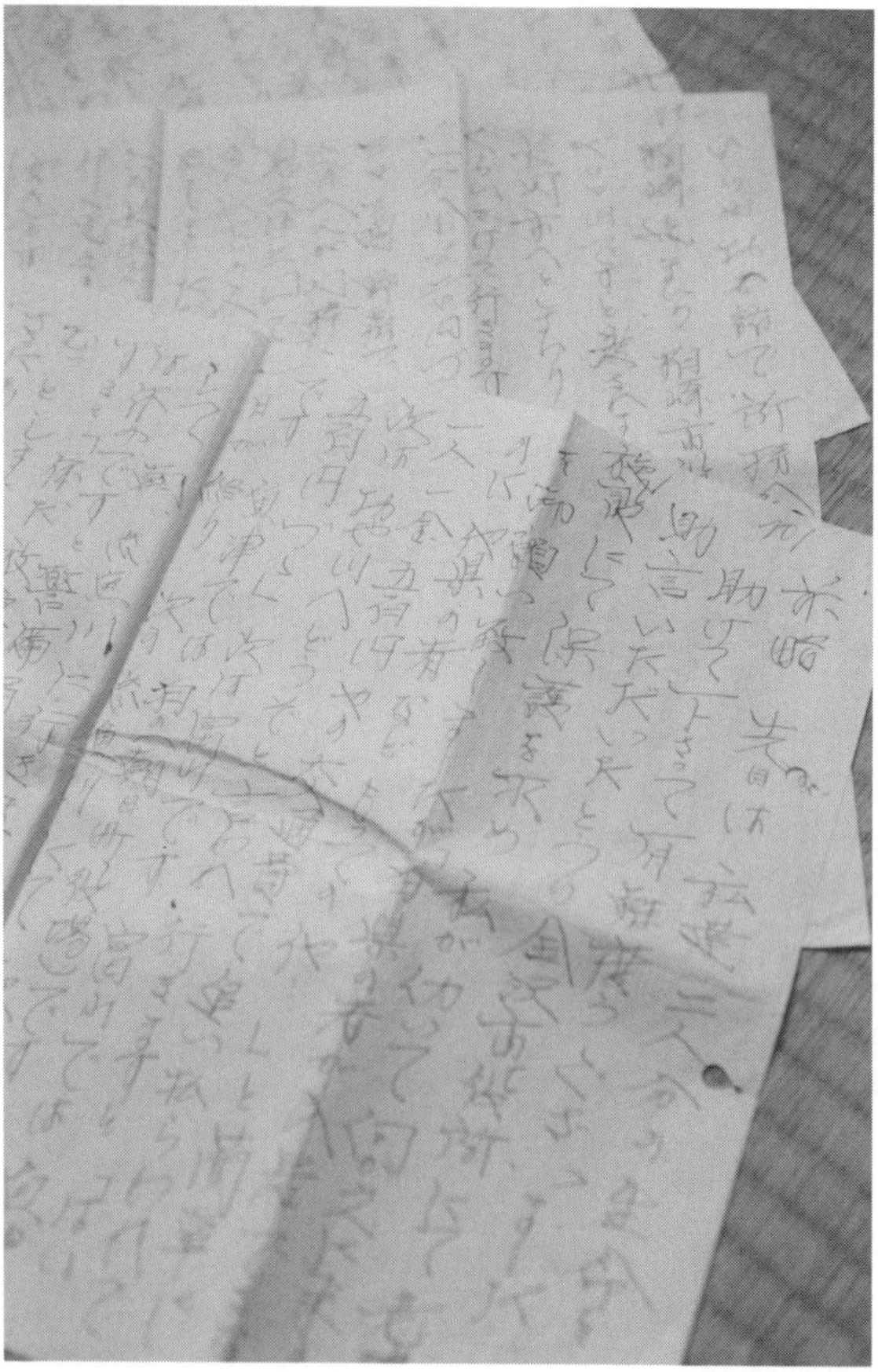

この手紙を私宛に送り、二人は神社の境内で首吊り自殺をしてしまったのです。

当時私は現職の警察官でした。四十二年間の警察官生活の中で私は、日本という国は、「助けてほしい」と叫んでいる人がいたら、どこかでだれかが助けてくれる、すばらしい法治国家であると信じてきました。しかし現実は違っていました。困っている人を保護する法律は、ちゃんとあるはずなのに……。

＊　＊　＊　＊

●警察官職務執行法第三条（保護）

警察官は、保護すべき者を発見したときは、適当な場所で保護しなければならない。この場合、できるだけすみやかにその者の家族に通知し、引取方について必要な手配をするか、公共福祉のための機関に引き継がなければならない。

●生活保護法第十九条（実施機関）

都道府県知事、市町村長は、居住地がないか、又は明らかでない要保護者、又は要保護者であって現在地を有する者が急迫した状況にあるときは、その急迫した事由が止むまでは……保護を決定し、かつ、実施しなければならない。

●刑法第二百十八条（保護責任者遺棄罪）

病者などを保護する責任のある者がこれらの者を遺棄し、又はその生存に必要な保護をしなかったときは、三ヵ月以上五年以下の懲役に処する。

……どうですか？　皆さん。

つまり、警察は保護すべき者を発見した際は速やかに福祉機関に引継ぐ義務があり、引継ぎを受けた行政機関は、保護を決定して保護を開始すべき義務があり、それを怠った者には罰則が課せられるのです。

私はそれを信じて、二人に「国に保護を求めなさい」と助言しました。二人は私の言葉を信じて旅を続けたのです。しかし北陸道の沿線にある役所では、支援をしてくれる場所が一箇所もなかったのです。

あの二人にとって私の存在は何だったのでしょうか。死までの苦しみをさらに長引かせただけの存在だったのではないでしょうか。私はあの二人に、二重の苦しみを与えるだけの存在になってしまったのでしょうか……。

当時私は、福井県東尋坊を管轄する福井県三国警察（現・坂井西警察署）の副署長の職にありました。平成十五年三月から一年間の在任期間中には、二十一人もの自殺者と遭遇して検視を行ないました。また、保護した五十人の自殺企図者（自殺を決意し行動を始めてしまった人）と面接して話を聞いたほか、多くの遺書にも目を通してきました。

現実を目の当たりにするうちに、割り切れない思いがつのっていきました。

「だれが死を選択させたのか？」

「なぜ、死ななければならなかったのか？」

「自殺して残された者はどうなるのか？」

世間の人たちの多くは「自殺をする者は、本人の心が弱いからだ」と本人だけの責任にします。それは、そう言わないと周囲にいる残された人たちの責任を追及することにもなるからという、思いやりから出た言葉かもしれません。しかし「本人だけが悪い」という評価も、結局周囲の人を、救うどころか追い詰めます。「身内」というだけで、いわれのない負い目が残り、悪い噂話だけが広まっていくのです。


自殺者を生むのは、この社会構造です。

残された遺族の人たちが口を開かない、開けないのをいいことに、行政は「見ざる」「言わざる」「聞かざる」とばかりに現状から目をそらし、次の自殺者が続くかもしれない状況も手付かずで放置しています。これを人災と言わずして、なんと言いましょう。

現職当時、毎日のように部下職員から自殺に関係する報告を受けていました。あの、東尋坊という海岸沿い三百メートルほどの狭い地域に、全国から何人もの人が死に場所を求めて集まって来ているのに、なぜ肝心の水際に「サポートする人」や「悩みごとを聞いてあげる人」「保安員」を配置しないのだろうか……。

「だれもやらないなら、私がやろう」と心に決め、警察生活最後の仕事として、定年退職までの一年間を自殺防止活動に専念したのです。

当時私は、東尋坊近くにある警察官舎で単身赴任の身で住んでおりました。五十九歳という年齢のためか朝が早く、どうせならということで、車で約五分ほどの東尋坊へ出向き、朝六時頃から岩場を一巡するパトロールを開始したのです。さらに午後五時半頃の退庁後にも、時間が許す限り一巡する日課を続けました。

その活動の中で、さきほどの二人連れとも遭遇したわけです。

在職中には、日本国内にある「自殺の名所」と呼ばれている場所、錦ヶ浦、足摺岬、華厳の滝、三原山、高島平の高層ビル街を管轄する警察署に電話をして、各地の自殺防止対策の実態を聞き取りました。そして聞き取ったことを参考に、東尋坊における独自の自殺防止対策として十ヵ条以上もの対策を樹立し、一つひとつ実施してみました。関係行政機関や各種団体に協力をお願いしてチラシの配布をお願いし、パトロール隊の編成もしましたが、計画も半ばで定年を迎えてしまったのです。

定年後の再就職について、企業からの誘いがありましたが、私の中であの二人の存在は、薄れるどころかどんどん大きくなりつつありました。

どんな思いであの二人は、私に手紙を託したのでしょう。

口をつぐむのは簡単です。しかしこれからも第二、第三の犠牲者が生まれるのを見続けて、私は心穏やかでいられるでしょうか。自分には関係ない、自分の責任ではないと、平然としていられるでしょうか。

なぜ、定年も間近になって、こんな出来事が起こったのか。こんな現実を知ったのか。知ってしまった以上、私がやるしかないという決意が、ゆっくりと固まっていきました。十年間に二百五十三人もの人が苦しみながら死んでいる。だれかが二百五十三人の代弁者となり世間に訴えなければ、世間の人は気づいてくれない。「あなたならできる、あなたがやるしかない」と白羽の矢が立てられたような気がしました。

少し話は遠回りしますが、私は警察生活四十二年間のうち、市民生活侵害事件の刑事を二十七年間勤めていました。

市民生活侵害事件とは、市民生活上の身近な犯罪です。ざっと事件名を挙げますと、高金利などの金融事犯、訪問販売法、麻薬・覚せい剤など薬物事犯、売春など風俗事犯、銃刀法、廃棄物事犯、飲酒・喫煙事犯、公営競技法事犯、宅地建物事犯、シンナー吸引事犯、DV事犯、虐待事犯、ストーカー事犯、商標・著作権事犯、軽犯罪法事犯、酩酊者事犯、不正競争防止事犯、保護、家出……といった具合です。

事件端緒の入手から事件送致の訴訟手続きまで、一連の捜査を行うのですが、そこでもやはりさまざまな人のさまざまな事情と接する機会がありました。それらの経験もまた、自殺企図者の思いを理解するのに役立つかもしれないと考えました。

いや、今のこの活動のためにこそ私は、市民生活侵害事件で人々の悩みや苦しみのありようを学んできたのではないか、そんなふうに感じることもあるのです。

これが、私が自殺防止活動に取り組むこととなった経緯です。

今現在、活動はボランティアで行っています。

私は定年を迎えてから六十二歳までの二年間は減額年金支給での生活でしたが、この点についてはまず、妻に事情を説明し理解を得ました。そして仲間をつのって、NPO法人を立ち上げたのです。

活動拠点のため東尋坊の水際にある空き店舗を探し、悩みごと相談所としての茶屋「心に響くおろしもち」の店舗と「休憩処」を開きました。また、悩みを抱えている人たちを元気づけるための作文を募集して「心に響く文集」を発行しました。さらに新聞に広告を出してこのNPO法人の会員を募集したところ、現職の公務員、元警察官、元教員、高校生など、五十一名のかたが名乗りを上げてくれました。そして平成十六年四月二十七日、この活動を開始したのです。

私たちの主な活動は、まず東尋坊のパトロールから始まります。日没後の暗闇を巡回していますと、いろいろな人に出会います。

岸壁の最先端で一人座り込んでいる人。

鬱蒼とした松林の中、灯りひとつないベンチに座り込み、泣き顔でどこかへメールを打ち続けている人。

シャッター街となった商店街の店先で、小さく身体を折り曲げて座り込んでいる人。

そんな人を見つけたら、そっと近づいて声をかけます。

「一人で何をしているんですか?」

「もう帰りのバスはなくなりましたよ」

「今日までつらかったでしょう」

「今日からは、もう大丈夫ですよ！」

「私にもあなたの苦しみを分けてくれませんか」

「私たちは微力ですが、あなたの今後の人生について何かお手伝ができると思いますよ」

「私たちと一緒にもう一度人生をやり直してみませんか？」


そんなふうに話しかけ、私たちの活動拠点である相談所まで来てもらいます。そしてまずはゆっくりと、存分に、「心に響くおろしもち」を食べていただきます。ひと心地ついたところで、じっくりと今後の人生について話し合うのです。

ここへは、いろいろな悩みごとを持った人が集まってきます。私たちは、とにかくその悩みに耳を傾け、今後もさらに生き続けていくための解決策を共に考え、必要であれば泊まる場所や働く場所を紹介し、家族や会社やサラ金へ電話をかけ、生活保護を申請したりハローワークへ出向いたりします。

私たちは、自殺しようと考えている人を「自殺願望者・自殺志願者・自殺企図者」に分けて呼んでいます。自殺企図者とは、具体的に、自殺へ向けての一歩を踏み出してしまった人を指します。これまでに東尋坊の岩場で、九十名近くの自殺企図者と遭遇して来ました。

自殺を決意し行動を始めてしまったこの段階の人は、見かけは健常者であっても、自分一人では行動ができなくなっている人が多いのです。自分の良し悪しについては良く知っていますが、自分の能力や一人で行動することに限界を感じている人が多く、何らかのつえ代わりとなる人を必要としているのです。

しかし、東尋坊まで辿り着いたその人は、自分の悩みごとを解決する方法がたとえ目の前にあったとしても、一人では行動を始められないほど、心の中は疲れ切っているのです。そういった人に懇々と説得をしたり、訓育を垂れたりしてみても、効果はないのです。

「リストラで職を失い、住むところもなくなりました。預金も底を突いて、もう死ぬしかないんです」

そんなふうに打ち明けてきた人に、あなたならどうしますか。

「ハローワークに行ってみたらどうでしょう」

「生活保護の相談をしてみては……」

しかし、その人はもう何度もハローワークに足を運び、福祉課で相談して、万策尽きてここまで来ているのです。

必要なことはただひとつ、その人を支えて一緒に行動し、セコンド役を務めてあげることです。

すでにその人は、人に助けを求める勇気さえ失っています。または、もともと遠慮する気持ちが強かったり、ひとさまに頼るのは悪いことだという思い込みがあったりして、手助けを求めることができずにいたりします。

「いいから放っておいてください」

そう拒絶されることもありますが、決してあきらめないことです。なぜならそういう人たちはみんな間違いなく、心の中では叫んでいるからです。

「まだ生きたい！」

「助けて！　死にたくない！」

「もう一度私に、生きるチャンスをください！」

その真の声に耳を傾け、救いの手を差し延べるのが、私たちの活動です。

そして、自殺企図者に遭遇してからが、まさに命がけの大仕事となるのです。

その活動の一部をここにご紹介いたします。

第一章

東尋坊の断崖から

平成十六年九月十二日、日曜日・午後四時三十分

都会のオフィスに宿る深い闇…

『私はいつでも取り替えがきく部品なんです』

東尋坊の海岸線に沿って、荒磯遊歩道と呼ばれる散歩道路が敷設されています。海抜約二十メートル、松林の間からは、日本海に点在する飛び石や岩に打ち寄せられる白い波しぶきが見えます。

遊歩道の道路脇には、当地に所縁のある高見順、三好達治、高浜虚子、森田愛子、伊藤柏翠、石原八束、則武三雄、林光雄・みち子夫婦などが書いた詩碑・句碑などが立ち並んでいます。海鳴りの音と潮風を一杯に浴びてこの道を散策していると、なんだか詩人にでもなったようで、和歌のひとつも詠んでみたくなる風情です。

晴れた日には、大勢のアマチュアのカメラマンや画家たちが道脇や松林の中に陣を取って撮影などをしている姿を見かけます。

晴天でした。秋の訪れを告げる赤とんぼが、青空を飛び交っています。

こんなのどかで優しい日に、この世に別れを告げなくてはならないと思い詰めてここを訪れる人の気持ちが、皆さんには想像がつくでしょうか。

＊　＊　＊　＊

遊歩道を雄島方面に向かって歩くと、松林の合間に広場があります。三人掛けのベンチが平行に二脚ずつ並べられ、昼はベンチで身体を休め紺碧の海に目を休める観光客の姿が絶えないのですが、夕方になるとほとんどここに人影はありません。

広場の最先端、いちばん海に近い場所にあるベンチに、その男性は一人ぽつんと座っていました。

紺色のジーンズに、緑と黄色の柄付カッターシャツというカジュアルな姿で、荷物は何も持っていません。身軽な旅人と見えなくもなかったのですが、身動きひとつせずに遠くを見つめるその姿は、ひどく疲れ切った様子で、なんとも気がかりでした。

その日は、月に二~三回ボランティアとしてパトロールに参加してくれる、現職の県職員、本家秀幸さんが一緒でした。本家さんは五十六歳、いつも野球帽を被って、スポーツマンらしい柔和な笑顔のかたです。私たちは、ベンチの男性に声をかけることにしました。

「こんにちは。どこからみえられましたか」

背後から突然声をかけられて、男性はかなり驚いたようです。目を丸くして振り向きましたが、その顔に浮かぶ暗い憔悴の色に、私たちは声をかけて良かったと確信しました。

年齢は三十歳くらい。振り向いたら妙な老人二人がにこにこして並んでいるのですから、不意を突かれたという感じだったのでしょうか。若者は絶句してしばらくの間私たちを見上げていました。

「一人旅とは風情がありますね。この大自然に元気をもらって帰る人も少なくないのですよ。ここのエネルギッシュな風景は、たくさんの詩人を生んでいます。向こうに句碑もたくさん並んでいたでしょう。こちらは初めてですか？　お泊まりはこの近くで？」

さりげなく会話を続けて、この場から若者を連れて行こうと試みたのですが、うまくいきません。ようやく聞き出せたのは、若者が東京から来たということだけでした。

「仕事のことでむしゃくしゃして、気分転換のため旅行してるんです。旅館はもう、福井市内にとってあります」

答えながらうすく愛想笑いまで見せてくれましたが、重ねて「どこの旅館ですか。もしかして、有名な○○屋？」と尋ねても、その先は教えてくれません。

まだ陽は高い、大丈夫……。私は自分に言い聞かせ、一旦この場を離れることにしました。明るいうちに飛び込む人はそうそういませんし、この場所から海に飛び込んでも死ぬことはできませんから、今すぐここで、という状況ではないはずです。焦る気持ちを抑え、私たちはなるべく自然に見えるよう振る舞いながら、パンフレットを手渡しました。「心に響くおろしもち」店の場所が書かれたパンフレットです。

「私は東尋坊タワーの下で、お餅屋をやっているんですよ。地元の名物で、コシヒカリのお米を使ったつきたてのおいしいお餅があるんです。ご馳走しますから、宜しければ帰りに立ち寄ってください。七時頃まで店を開けていますから」

後ろ髪を引かれながらもベンチの若者のもとを離れ、東尋坊でも一番景色の良い見晴台がある、正面の岩場までパトロールを続けました。ずいぶん長く話し込んでしまったようで、もう太陽は日本海の水平線より二十度あたりまで沈みかけていました。これから日没にかけてが、人の心が塞ぐ最も危険な時間帯です。

正面の岩場から、南側にある芝生が生えている公園を通り抜けて、「心に響くおろしもち」店まで戻ったときには、午後六時を回っていました。店には、活動の立ち上げの頃から参加してくれている女性、福本さんがいます。自殺企図者の心の機微を的確に読み取り、行動力もある、とても頼りになる人です。彼女に、あの若者が来てはいないかと確認したのですが、やはり来てはいないようです。

もう一度行ったほうがいい。そう私と本家さんが頷き合うより一瞬早く、福本さんが立ち上がりました。

「お茶でも飲んで、休んでいてください。私が行ってきます」

素早い動きでした。暗くなりかけた遊歩道へ向かって、飛び出すように、福本さんの背中が消えていきました。

夕闇が迫ってきます。私と本家さんは二人で顔をつき合わせ、背中を丸めてお茶を飲みながら、「待て」をされた犬の心境で福本さんの帰りを待っていました。不安がどんどん膨らんでいきます。

「やっぱり、ついていったほうが良かったんじゃないでしょうか」

「さっき、無理にでも連れて来れば良かったかなぁ」

店の入口からは、五百台ほども車が停められる広い駐車場が見えますが、この時間帯になると一台の車もありません。薄闇を透かして駐車場の向こうを見ていると、人影が現れました。

「来たよ！」

「無事だ！」

私たちは、懸命にさりげなさを装って、人影が近づいてくるのを待ちました。小さな人影が、大きな人影を抱きかかえるようにして歩いてきます。夕闇に溶け込みそうに心細げに見えたその姿が、やがて店のこぼれ火に照らされると、福本さんが支えているのは間違いなく、私たちがさきほど話しかけたあの若者でした。

店に入ってきたとき、若者の顔は歪み、涙の跡で濡れていました。

「この人がね、相談したいことがあるんだって」

うっすら汗をかいた福本さんが静かに言うと、若者は崩れるように、勧められた席に腰を下ろしました。

ひと呼吸おいて、本家さんがゆっくりと口を開きます。

「さきほどお会いしたかたですね。お腹はすいていませんか?」

返事はありません。若者はうつむいたままです。

「もうだいぶ遅いですから、これから福井市内まで帰られるのは大変ですよ。宜しければ車でお送りしましょうか?　私はちょうどこれから帰るところなんです」

やはり返事はなく、若者はただ必死で、わッと泣き出すのをこらえているようでした。

本家さんは私のほうを見てちょっと頷くと、変わらずゆっくりと、丁寧な口調で、若者に語りかけました。

「ここにいるおじさんたちは、何でも悩みごとを聞いてくれますよ。もし嫌だったら、名前もなにも言わなくてもいいんです。一人で悩まずに相談すれば、もしかしたら良い方法が見つかるかもしれない。私は用事があるのでいったん帰りますけど、何か役に立てることがあったら、いつでも応援にかけつけますからね。大丈夫ですよ」

本家さんは席を外してくれました。一人の相談者を何人もが取り囲むと、相談者はその圧迫感から何も話せなくなってしまうのを、本家さんは知っていたからです。

福本さんが、つきたてのおろし餅を差し出しました。持ってきた二皿を二皿とも、若者の前に並べます。

「遠慮せずにいっぱい食べてください。このあたりでは、このお餅を食べると力持ちになるとか、長生きするとか言われてるんです。元気が出ますから、どうぞ、さあ」

促されて若者は、のろのろと皿に手を伸ばしました。

「……ありがとうございます」

かすれた声でそう言ったとたん、何か憑いていたものも一緒に吐き出されたかのようでした。

ひと口餅を食べると、若者はまた無言になりましたが、さっきまでの重苦しい、拒絶するような沈黙ではないように感じました。余程お腹がすいていたのでしょう。無心な子どものように餅を口に運び、若者は二皿をぺろりとたいらげてくれました。少し離れて見守っていた福本さんのこわばった顔も、ほっとゆるんだように見えました。

食事をとったことで気持ちも落ち着いたのか、その若者、杉山くんは、少しずつ私たちの話しかけに答えてくれました。

現在東京に住んでおり、両親は地方で農業をしていること。東京にある某国立大学の電子工学課大学院を卒業し、東京都内にある大手ソフト会社に就職し、開発部に配属されていること。アパートを借りての一人暮らしで、彼女はおらず、仕事が忙しいため、いつも午後十時過ぎに帰宅していること。母親とは仲が良いけれど、父親とは長く対立していて、二度と父の顔は見たくないと田舎を飛び出したこと。東京で永住するつもりだが、母親だけは将来も面倒を見続けたいと考えていること。

聞いているうちにだんだんと、私たちにも彼の孤独な生活が見えてきました。

彼のいるソフト会社は、全員がパソコン相手の仕事をしているためか、社員間の連帯感はほとんどなく、社員同士の会話もないのだそうです。「個人主義の、ロボット人間の集団社会みたいで」と杉山くんは苦しそうに吐き捨てます。

「休みの日に遊べるような同僚なんて、一人もいません。大学時代の友人も、みんな地元へ帰って就職してしまったし。一人でデパートへ行ってウインドウ・ショッピングしたり、書店に行って本の立ち読みで時間を潰したり。これといった趣味もないので、もうずっとそんな生活を続けているんです。これからもずっとこんなふうに、仕事場でも帰ってからも話し相手のいない生活を、死ぬまで続けていくのかなって……」

眠れなくなり、朝が来るのが怖くなり、杉山くんは軽いうつ病にまでなっていたようです。

大学を出るまでは、田舎を出たい一心で頑張ってきたのでしょう。頑張れば結果を出せる「優秀な子」として育ってきただけに、周囲の期待も大きく、本人もがむしゃらに突き進んできたのではないでしょうか。でも、いい大学からいい会社へゴールインしてみれば、待っていたのは孤独で単調で、またも努力だけを強いられる生活です。

片意地を張り、背伸びをして生きてきた緊張の糸が切れたのでしょうか。話すうちに杉山くんの、頑なで警戒心に充ちた雰囲気は消え失せ、むしろ私たちに甘えるような、泣き言をぶつけてくるような、子どもっぽい雰囲気に変わっていきました。本当に驚くほどの変化でした。

「君は今回、東尋坊へ自殺を考えて来たんでしょ?」

うち解けた空気の中でずばりと斬り込むと、杉山くんはすっきりとした顔で頷きます。

「はい、自殺をする場所を探しに来ました。一昨日東京を出て、最初は富士山麓の樹海で死のうかと入り口まで行ったのですが、思い切れず、自動販売機でジュースを買っただけでそこを離れてしまったんです」

東尋坊に着いたのは、午後一時頃だったそうです。さすがに昼から飛び込む気にもなれず、片道一時間かけて雄島まで歩き、また一時間かけて戻って来て、さきほどのベンチに落ち着きました。日没になったら飛び込もうと決めて、座り続けること二時間。立ち上がるチャンスはいくらでもあったはずなのに、杉山くんはやがて足がすくみ、金縛りにあったようにベンチから立てなくなってしまったそうです。

「おじさんたちに声をかけてもらったときは、死のうとしているのを見抜かれたという恥ずかしさが湧いてきて、それを隠すのに必死でした。早くどこかへ行ってくれないかと思っていたのですが、おじさんたちの姿が見えなくなってしまうと、もうだれもすがる人はいなくなってしまったんだと感じて、ますます落ち込んでしまったんです。苦しかったこと、悔しかったこと、つらかったことばかりが次々と浮かんできて、やっぱり自分はどうなったっていい人間なんだと思いました」

福本さんが杉山くんに声をかけたのは、まさにそのとき、彼が最後の一歩を踏み出す決意を固めた瞬間でした。あと十分福本さんの動きが遅れていたら……杉山くんに再度声をかけたのが福本さんではなく、私と本家さんだったら……。

声をかけられたとたん杉山くんは、母親のことを思い出しました。いつも父親との間に立って自分の味方をしてくれた母親。福本さんの声が、姿が、母親のそれのように思われて、突然涙があふれ出してしまったのだそうです。あとは何かに吸い寄せられるように、ここへついて来てしまったのだと。そう語ってまた杉山くんは、ぽろぽろと涙をこぼしました。

「今はもう、死にたいという気持ちと死にたくない気持ちが、半々くらいです」

まだ死にたい気持ちが残っているという言葉に、私たちは少し困惑を見せてしまったのかもしれません。どうやったら彼に思いとどまってもらうことができるだろう、と。

「実は、それだけではない事情があるんです」

私たちの空気に気づいたのか、杉山くんは急に決意したように姿勢を正し、涙を拭いました。

「開発部に配属されて二年になるのですが、今回で三度目になる大きなミスをしてしまったんです」

前回の二回は、杉山くんが組んだプログラムに欠陥が出てしまい、ユーザーからのクレームがついて、会社にも大きな損害を与えてしまいました。杉山くんは開発部長に呼ばれ、衆目の中で怒鳴りつけられました。開発部長は現場での最高ポストにいる人で、開発部の社員にとっては絶対服従、滅多な口はきけないほどの、雲の上にいるような存在です。

今回の仕事は、三月に発注を受け八月末に納品予定のソフト開発でした。開発部内で三人一組となったプロジェクトチームが開発にあたることになり、杉山くんはその一人だったのです。そして今回、杉山くんの担当していた部分の開発が進まなかったため、納期までに完成することができなくなってしまったのです。

納期が守れないのは、会社の信頼にまで関わる失態です。開発部長は激怒しました。

「自分でできないなら、なんで上の者に相談しない！　そんな自分勝手な人間は、うちの会社にはいらん！　お前の開けた穴で、会社がどれだけの賠償責任を負うと思ってるんだ！　お前にも弁償してもらうことになるかもしれんからな！」

確かに、開発部長が怒るのももっともです。

「上の人に相談しなかったのですか？」

福本さんが尋ねると、杉山くんはかぶりを振って、「もちろん、しました」と答えます。

「係長に、開発が行き詰まっていることなどを何度も相談していました。でも係長も忙しくて、何も教えてはくれなかったんです。自分勝手にやったと叱られましたが、うちの会社は機密保持の目的もあって、他人が担当している仕事については、何も知らされていないシステムになっています。だれにも相談しようがありません。結局は、自分で考えて自分でやり、自分ですべて責任をとらなければならない仕組みになっているんです。

開発部長に直接相談すればよかったのかもしれません。ただそれでは、自分は仕事ができないと認めることになります。この就職難の最中ですから、仕事ができない、会社には不要と思われたら最後、代わりの技術者がすぐに名乗りを上げるでしょう。私はいつでも取り替えがきく部品に過ぎないんです。仕事の壁に突き当たったときはいつも、首を覚悟で仕事をしていました」

いつ「交換」されるかわからない……常に不安と闘いながら仕事をしてきた杉山くんの背中を、最後に「ひと押し」したのが開発部長の叱責だったのでしょう。ハタから見ている分には、上司に叱られたくらいで死ぬなどと騒ぎたてて大げさな、と思われるかもしれませんが、それは本当に、最後のきっかけに過ぎないのです。

「ご両親に相談できないでしょうか」

私の提案を、杉山くんはとんでもないという様子で否定しました。母親には心配をかけたくないし、父親に知られたら「男のくせに何だ！　だからお前はダメなんだ、帰って来い！」と言われるのが関の山だと。話しているうちに、父親との対立や会社での人間関係の厳しさをまた思い出してしまったのか、杉山くんは再び涙を浮かべています。

開発部長に「もうお前は会社には要らない」と言われてから三日間、杉山くんは部屋に閉じこもっていました。その間何度か、会社の上司がアパートのドアを叩きました。息を殺して居留守を使ううちに、杉山くんの絶望感はますます深まっていきました。もうここにはいられない、どこかで命を絶とう……。

そうしてここ、東尋坊に辿り着いたわけです。

ようやくここまでの話を聞き終えた頃には、すっかり夜もふけて、午後八時を過ぎていました。この日は日曜日でしたから、会社が休みで、問題の上司と話もできません。翌日の月曜日に、私が仲介役となって上司と話をしてみることになりました。

とりあえずその日の宿泊場所として、杉山くんには福井市内のサウナで一泊してもらうことにしました。ちょうどこの日、ときどき私たちの相談所を訪問する福井テレビの女性記者が来ていたため、彼女の職場近くにあるサウナが宿泊場所に決まったのです。彼女にその青年を送り届けてもらい、翌朝には福本さんがサウナまで迎えに行くことになりました。

肩の荷を半分下ろしたつもりでいた私たちを、思いがけない事態が襲いました。

「……シゲさん。杉山くんがいないのよ」

翌日、福本さんが哀しげに「心に響くおろしもち」店に姿を表したのは、正午になろうという頃でした。

午前九時、福本さんはサウナへ杉山くんを迎えに行きました。約束の時間通りだったのに、待っても待っても姿が見えません。疲れ果てて寝過ごしているのかもしれないと考え、館内放送をしてもらったのですが、やはり出てきません。従業員にも尋ねたのですが、わからないとのこと。結局、杉山くんはここにはもういないと判断せざるをえませんでした。

ひと晩のうちに、気持ちが変わってどこかへ旅立ったと考えるしかありません。早まった考えに陥っていなければいいのだけれど……と、胸を痛めながら福本さんは、東尋坊へ戻ってきました。

サウナに一人で置いたのがいけなかったのか。昨日のうちにもっとできることがあったのではないか。重苦しい時間が過ぎてゆきます。せめて連絡先を詳しく聞いておけば……。

「杉山くんだ!」

店の外を見て福本さんが飛び上がりました。私もその視線の先を見て、あッと声を上げました。広い駐車場を横切って、ずんずんこちらへ歩いてくるのは、間違いなく杉山くんではありませんか。

時刻は午後一時。昨日自殺を企てたのと同じ人物とは思えないほど勢いよく、杉山くんは店に入ってくると、いきなりこう切りだしました。

「昨夜お願いした通り、会社の上司と話をしてもらえないでしょうか。やっぱり自分では話せそうにないので」

私と福本さんは、思わず顔を見合わせました。「それは構わないけれど……」と福本さんが尋ねます。

「急にいなくなったものだから、心配しましたよ。どこかへ行かれるつもりだったんですか？」

「ああそれは……ご心配かけて、すみませんでした」

ようやく杉山くんは謝り、ばつの悪そうな表情になりました。

「昨夜サウナへ送っていただいてからもなかなか眠れず、今後の身の振り方について、いろいろ考えこんでいたんです。レストルームや風呂に入ったり出たりして何時間も悩んでいるうち、とにかくこのままではダメだという気になって、夜中の三時頃にサウナを飛び出しました。ＪＲ福井駅まで歩き、田舎へ帰るつもりで待合室で時刻表を調べ列車を待っていましたが、やっぱり帰れないと気づいて戻ってきたんです」

サウナから福井駅までは、歩いて二時間ほどもかかります。不案内な土地のその距離を、衝動的に彼は歩いたというのです。昨夜サウナへ送ったときの様子では、落ち着きを取り戻し物事を前向きに考えられるようになっているように見えましたが、やはり尋常な判断力を取り戻すには至っていなかったのかもしれません。いえ、今このときもそうです。急にいなくなったら、「母親のような」福本さんがどれほど心配するか、それさえすぐには思い当たらないのですから。

しかし、これで杉山くんの決意ははっきりしました。

「まだ死にたくない、だれか助けてほしい」

そう思うからこそ、彼はここに戻ってきたのです。そして、できることなら元の職場へ戻りたい、そのためなら、頭を下げて人の手を借りてもいい。だれかに再雇用をお願いするための橋渡しをしてほしい、という気持ちもあります。

「いいですよ。私が電話をしましょう」

私はとことん彼の面倒をみることにしました。

会社に電話をすると、まずは女性の声が名前と用件を尋ねてきました。

「福井県の東尋坊で自殺防止活動をしています、シゲと申します。御社の社員さんのことでお話ししたいことがあるのですが、開発部の部長さんに取り次いでいただけますでしょうか」

「杉山さんのことですか⁉」

電話をかけたこちらが驚くような慌てぶりで、開発部長に取り次いでくれました。

「自殺」の一言に、「やっぱり！」という早合点でもしたのかもしれません。電話を取った開発部長を名乗るかたも、声を震わせて尋ねてきました。

「杉山くんはそこにいるのですか？　自殺って、どういうことです。無事なんですか？まさか怪我でも……」

矢継ぎ早の質問で、私が口を挟むのにも困るほどでしたが、

「杉山くんなら大丈夫です、ここにいます」

と答えたとたん、その態度は一変しました。

「実は杉山くんのことで、ご相談があるのですが……」

と私が切り出すと

「何の相談でしょうか。こちらでは警察へ家出届けを出していますので、まずは警察に

連れて行っていただけませんか。警察から連絡をいただきましたら、あらためてお話をさせていただきますので」

面倒な相談はごめんだ、という空気があからさまに伝わってきました。私はなんとなく、杉山くんの言っていた「社風」がわかる気がしました。

それでもとりあえず電話は切らずにいてくれたので、私は懸命に説明しました。昨夜、彼が自殺の名所と呼ばれているこの東尋坊に、一人でいたこと。暗闇の中で、切羽詰まったぎりぎりのところを保護したこと。彼は心を病み、自殺を考えてここに来たけれど、いろいろと話をした末に思いとどまって、気持ちも落ち着いてきていること。

「どうも自殺まで思い詰めた最大の原因は、会社でのミスにあるようです。いろいろと問題はあるでしょうが、彼もやり直したい気持ちでいます。もう一度彼と話し合ってみていただけないでしょうか」

隣では、杉山くんが不安げに私の話に聞き入っています。「交渉」がうまくいっていないことに勘づいているようです。電話の向こうからは、こんな答えが返ってきました。

「こっちも困ってるんですよ。杉山くんが使っていたパソコンに本人にしかわからないセキュリティ・ロックがかかったままで、データが引き出せなくて仕事が止まってるんです。二～三日で解除はできるんですが、その間仕事が進められないんですよ。とにかないですから」

く早く帰ってくるよう言ってください。解除さえしたら、あとは本人の好きにして構わ

「好きにして構わないって、どういう意味ですか!」

思わず電話口で怒鳴ってしまいました。

「そっちへ帰るも帰らないも、本人の気持ちひとつですよ! 私には、彼を警察へ連れて行く義務なんかありませんからね。さっきからあなたは、仕事の話しかされていませんが、杉山くんはどうなってもいいんですか。あなたの言葉がきっかけになって、杉山くんは死を考えたんですよ。責任を感じないいんですか!」

「私が何を言ったっていうんですか……」

迷惑そうな口調でした。部外者は口を挟むなと言いたげです。続けて怒鳴りたくなるのをこらえて、私はなるべく穏やかにと自分に言い聞かせ、杉山くんの窮状を訴えました。

一言で説明できるような内容ではありません。そもそも、杉山くんのいた会社が若い人を育てようとする環境を整えていないことから、この状況は発生しています。それをどうこう言うのは、会社のシステムにまで口を出すことになりますから、確かに部外者が言うようなことではないのかもしれません。

でも、杉山くんが再び会社に戻り、もう自殺など考えずに生きてゆくためには、どうしてもそこまで言及しなくてはならないのです。

「部長さんは杉山くんに、『もう会社に来なくていい』と言われたそうですが、彼は首ですか？　もう雇ってはもらえないということでしょうか？」

この質問には、「それは違います」という返答が返りました。

「私のところまで何も報告が上がってこなかったので、どうなっているか尋ねたところ、『実はできていない』と急に聞かされて、それは困ると注意しただけですよ。係長にも相談していたと本人が言うなら、私の早とちりかもしれませんね。私もいろいろと問題が発生してイライラしていたので、暴言が出てしまったのかもしれない。それで彼が自殺まで考えるなんて思わなかった。すまないことをしました。

杉山くんと連絡がとれなくなってから一週間、毎日みんなで手分けして、彼を捜しまわっていたんですよ。アパートにはいない、実家に連絡してもわからないというので、これはいよいよ捜索願を出すしかないと、昨日警察に届けを出したばかりです。いや、早く見つかってよかったです。ご迷惑をおかけして申し訳ありませんでした」

こうして言葉だけ書くと、いかにもことの重大さに気づき反省しきりのように見えます。でも、端々には、「みんな仕事が忙しいのに」とか「この大変な時期に」とか「杉山くんのために仕事の手を止めて捜して」とか、そんな言葉が差し挟まれていて、心から杉山くんの身を案じているようには感じられません。案の定、続けて言うには、「とにかく彼のパソコンのセキュリティを解除しないと、仕事にならないのです。係長とかわりますので杉山くんを電話口に出してください」

と来ました。

電話をかわった係長という人も、似たような反応でした。私と二言、三言、言葉を交わしたが早いか、杉山くんにかわってくれと連発するばかりです。なんだかうんざりしてきました。確かに、引継ひとつしないで逃げ出したのは杉山くんが責任をとらなくてはならないことですが、そうせざるをえなかった杉山くんをいたわるより先に、データが仕事が、とそればかり。こんなところで杉山くんは働いていたのだなと想像すると、あらためて、東尋坊への道を辿ってきた彼の苦しみが想像できました。

さて杉山くんですが、そばでずっと私が話すのを聞いていましたから、なんとなく状況はつかめたようです。

「電話に係長さんが出ていて、パソコンのセキュリティ解除方法を説明してほしいと言うんだけど」

頷いて杉山くんは受話器を取りました。

しかしやはり、電話ではうまくその方法が伝わらないようです。杉山くんも懸命に説明していましたが、やがて困り顔で再び私に受話器を返してきました。

電話の向こうでは、さっきあれほど杉山くんにかわれと連呼していた係長が、手のひらを返して私に泣きついてきます。

「東京に今すぐ戻るよう、彼を説得してもらえないでしょうか」

本音を言えば、こんな職場に彼を帰したくない！　という反発もありました。でも、さっきから係長に、たぶん懇願されながらセキュリティ解除方法を説明していた杉山くんの目には、どことなく精気が戻ってきているようです。上司との関係はともかく、ソフト開発の職場は杉山くんにとって、自分の力を必要としてもらえる、大切な場所なのでしょう。

「わかりました。でも条件があります。杉山くんが会社に戻れるよう、今ここで開発部長さんに頼んでみていただけますか？　それがダメなら、彼は東京へ戻らない、いや、戻れないと思います」

「ええ、もちろん彼には会社に戻ってもらいますよ！　私からも開発部長にお願いしてみます。優秀な人材ですから、首にするなんて会社にとってももったいない話です」

電話はもう一度開発部長に回りました。そして最終的には、開発部長自らの口から、直接本人に、会社に戻ってくるよう言ってもらうことに成功したのです。

電話を切ったとき、杉山くんの顔は晴れ晴れとしていました。思ってもみなかったことに、係長から「優秀な人材」と言ってもらえて、認めてもらえたのだと喜んでいる様子です。すぐに東京へ帰ることについても、異存はありません。

電車賃も持っていないとのことで、JRあわら駅まで送り届けて交通費を立替え、改札口で別れました。喜々としてホームへ向かう姿は、福本さんに抱えられるように死の淵から戻ってきたときとは、別人のようでした。帰りの電車賃がないというのは、片道切符でここへ来たということです。帰りの切符を手渡すことができて、本当によかった。

その日の午後六時頃、杉山くんの母親から電話が来ました。会社経由で連絡がいったようです。丁寧なお礼の言葉をいただきました。

「本来ならすぐにでも父親と共に飛んで行くべきところですが、父親は頑固者で、息子とは勘当同然の仲なのです。息子が働いている東京にさえ、一度も行ったことがありません。今回もまるで他人事のように、死にたかったら死ねばいいんだと言う始末です。そんな父親だから息子も家へ戻れなかったのでしょう。本当にご迷惑をおかけしました」

翌日には、杉山くんの会社の係長からも、本人が無事に東京へ戻り出社したとの連絡を受けました。今後のことを話し合い、本人の意向もあって、もとの企画部に戻るのではなく、関連ソフト会社への再就職という方向で話を進めることになったようです。「いずれにしても、もう一度やり直すと言ってくれていますから。今後のことは、私が責任を持って面倒をみます」

あの居心地の悪い（と決めつけるのも失礼ですが）職場にそのまま戻るのではなく、新天地でソフト開発の仕事を続けるということのようです。

一ヵ月後の十月五日。パトロールから戻ると、「心に響くおろしもち」店に備え付けられた「命のメッセージ帳」に、伝言が残されていました。杉山くんのお母さんのものでした。

〇〇県　杉山

シゲ様

息子が大変お世話になりました。

たまたまこちらに来ることになりました。

ぜひお顔を拝見してお礼をと思っていましたが時間がないので文章で失礼します。

ありがとうございました。

後日、地元産だというおいしい梨の差し入れとともに、杉山くんが新しい環境で元気に働いているという近況報告が届きました。瑞々しい梨をほおばりながら、周囲に必要とされ生き生きと働く杉山くんの姿を思い浮かべ、私たちも喜びにひたりました。

＊　＊　＊　＊

夕暮れどき、いつものパトロールであのベンチのそばを通りかかると、ぽつんと頼りなげに座った背中を思い出します。それはまた、人とつながりをもたない組織の中で、パソコンのモニターと見つめ合いながら、孤独にキーボードを叩き続けていたであろう杉山くんの背中を想像させます。

でも、彼はまだよかった。技術職で重宝がられ、会社の重要な部分を握った仕事をしていたからこそ、「戻ってきなさい」と言ってもらうことができました。「自分は取り替えがきく人間なのだ」と彼は思っていましたが、「本当は必要な人間」と認めてもらえたのです。

都会の夜。いつまでも灯りの消えないオフィスに座る、いくつもの孤独な背中が、瞼に浮かぶようです。

自殺の名所と言われる東尋坊

東尋坊は北陸地方にある福井県、石川県の両県にまたがるところの越前加賀海岸国定公園内にあり、年間約百万人の観光客で賑わっています。安山岩柱状節理と呼ばれている特別天然記念物の岸壁が日本海に突き出ており、海抜二十五メートルの断崖絶壁となっている景勝地であります。

名勝たる所以の断崖絶壁には、柵などの保安施設はなく、巡回の保安員もいません。通過型の観光地となっており、滞在する観光客はほとんどおりません。またすべて出店商店街であるため、居住世帯は三、四軒しかありません。商店街も午後四時頃になるとシャッター街となり、海鳴りだけが聞こえてくるゴーストタウンのような通りに変身します。

こんな場所ですから、人生の終焉の場所を求めて訪れた人には、「お好きなところからどうぞ」と自殺を誘うかのような、うってつけの場所に見えるそうです。

現在でも年間二十五人以上、過去十年間に二百五十三人もの人が飛び込み自殺をしている観光地なのです。二週間に一人という、凄まじい数字です。

口さがない人は、「自殺の名所になるようなすごいところ、怖いものが見たいならいらっしゃい」というようなことを言います。涙を流して身を投げた人々がそれを聞いたら、どう思うでしょうか。

私たちはこの場所を、壮大で清々しい、人生の再出発地点として訪れるにふさわしい場所にしたいとの願いから、この活動を開始しました。

そして、自殺防止の活動拠点として、悩みごと相談を受理する「駆け込み寺」的な存在としての茶屋を設けたのです。

取材に訪れるマスコミの人から「命の灯台」、「心の灯台」などと呼ばれているこの茶屋で、人生に悩んでいる人たちを待ち、私たちは毎日、夜暗くなるまで待機しているのです。

平成十六年十月二十二日、日曜日・午後四時三十分

どこまでも続く、先の見えない孤独……

『私にはもう、生きる資格がないんです』

秋晴れが続きます。

ここ東尋坊は、海釣りの名所としても知られています。映画「釣りバカ日誌」のロケ地となって以来、釣り客も増えました。海上が穏やかな秋には、キスやアジ、鯛、ブリなどを狙う釣り船が浮かび、海岸線も磯釣り客で賑わいます。

ときおり打ち寄せる大波が、岸壁に砕け白く輝いています。海鳴りとカモメの声がゆるゆると続き、深呼吸ひとつで磯の香りが胸を充たすと、ふと童心に帰り岩場を飛び跳ねてみたくなります。

こんな快晴の日が続くと、なぜか自殺企図者が多く集まってきます。理由はわかりません。空が晴れ上がるほどに、心は曇るとでも言うのでしょうか。

＊　＊　＊

その日は午前中に一回、午後に二回と、巡回も通常より多くすることにしました。

私の巡回路は、約一キロを一時間かけて回るコースです。南方の松林を一巡したのち、正面の岩場を一通り見回し、北方にある芝生の広場を経由、松林を通り抜けて「心に響くおろしもち」店へ。最近ときどき地元の高校生がボランティアで、パトロールをしに

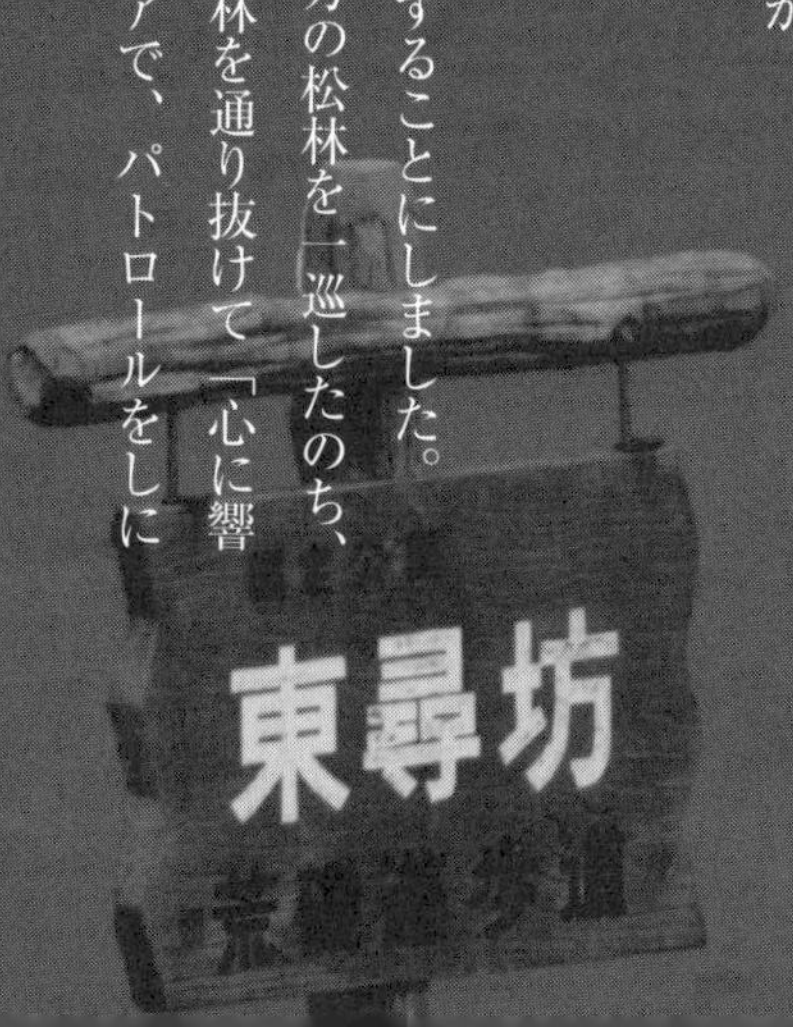

来てくれるのですが、その日はその姿は見えませんでした。

岩場から芝生の広場へ差しかかったときです。前方の松林の遊歩道を、頭に薄茶色のネッカチーフを被った小柄な女性が歩いてくるのが見えました。小さな巾着袋を手に、ゆっくりとした足取りで、ひたすら下を向いて歩いています。五十歳後半くらいでしょうか。周囲に人影はありません。

声をかけようかと躊躇していました。もう観光客は三々五々に引き上げ、岩場にはだれもいないはずです。あと五十メートル。自然な感じで近づけるよう静かに歩を進めているつもりでしたが、女性がふっと視線を上げました。私を見とめたようです。

急に女性が方向を変えました。そのまま広場の隅にある公衆トイレへ向かっていきます。私は携帯で福本さんに応援を頼みました。間もなく、息をきらして福本さんが駆けてきます。

「出てきましたか?」

「まだです。間に合いました」

待つこと十分。トイレから出てきた女性を、私たちは呼び止めました。いつもなら「さりげなく」などと気を配るのですが、この先ちょっと歩けばすぐに、危険な岩場に着きます。今回ばかりはそんな余裕もありません。

「ちょっとすみません。私たちは自殺防止活動をしている者です。どこから来られましたか?」

女性は沈黙しました。沈黙、それはすでに私たちが予感していた「答え」でもありました。

「今からどこかへ行かれるのですか? この時間からですと、帰りのバスもなくなりますよ」

「もういいんです、放っておいてください」

身をかわすような動きで、彼女は私たちの横をすり抜けようとします。そうはいきません。私と福本さんは、二人がかりで進路をふさぎました。

とたんに、彼女はよろよろと後ろへ下がりました。糸が切れたように、その場にうずくまります。

間違いない……私たちは、息を呑みました。

「おせっかいですが、あなたがここから先へ行かれるのを、見過ごすことはできません。東尋坊は自殺の名所とどこかで聞かれていらしたのでしょうが、実はここで飛び込んでも、大抵の人は大怪我をするだけで助かってしまうんですよ」

「もし宜しかったら、私たちに話をしてくれませんか? 私たちは、今までにたくさんの人からお話を伺ってきました。まだ道は残されているかもしれない。一緒に考えましょう」

「住所やお名前も、言いたくないのなら伺いません。もうダメだと思ってここへいらした多くの皆さんが、元気を取り戻し、やり直しをすると誓って帰って行かれたんですよ」

「無理矢理に警察へ連れて行ったりするようなことはしませんし、もしお役に立てることがあるのでしたら、お手伝いしますよ。おせっかいのボランティアですから、遠慮なさらずに」

私と福本さんは、かわるがわるそんなふうに説得しようとしたのですが、座り込んだままの彼女に反応はありません。相変わらず俯いたまま、顔を上げようともしないのです。力尽きているようにも見えましたし、邪魔をされて怒っているようにも見えます。

「どうされました？　お身体の具合でも悪いのですか？」

そう尋ねたところ、ようやく小声で答が返りました。

「どこも悪くはありません」

福本さんとともに、私は耳をそばだてて言葉の続きを待ったのですが、それきりまた彼女は口をつぐんでしまいました。やっぱり迷惑がっているのでしょうか。

「ねえ、やっぱり少しだけでもいいですから、お話を聞かせてください」

「近くに私たちの休憩所があるんですよ。短い時間でもいいですから」

無言で首を横に振ったのが、彼女の答えでした。きっと私の顔には、焦りの色が浮かんでいたことと思います。うっかり沈黙の時間が流れたら、彼女は「じゃあ」と立ち上がって行ってしまうかもしれない。言葉を変え口調を変え、誘い続けました。

「……同じですよ」

しばらくして、彼女がぽつりと言葉を吐き出しました。

「何？　何が同じなんですか」

ようやく話してくれた！　私は必死でその言葉にしがみつきます。

「どうせ皆さん、最後には、頑張ってねって。それしか言いませんから。どこで何を相談したって」

「わかりました！　言葉だけじゃなく、何とかしましょう！」

ようやく光明を見た思いで、私は勢い込みました。

「私たちは今まで、ここでお会いした何人もの皆さんに、住まいやお仕事を斡旋してきているんです。自殺を考えてしまう人の立場や気持ちに理解のある全国の方々から、たくさんの援助をお寄せいただいてるんですよ。もしあなたがそう望むのであれば、どこかで何もしないで何週間か休息をとることもできますし、住み込みで働いてお給料をいただける場所も紹介できます」

ゆっくりと彼女は顔を上げました。まだ私たちと目線を合わせようとはしませんでしたが、私が口にした「今後」の話に、興味を示してくれたようです。身をかがめていた福本さんがそっとしゃがみこみ、小柄な彼女の肩を抱きました。

「もしかしたら、私たちがお役に立てるかもしれません。休憩所まで来てくれませんか」

無言のまま、彼女は頷きました。最初に彼女を呼び止めたときから、三十分が過ぎていました。もう陽は沈み、周囲は夕闇の中です。

相談所の「心に響くおろしもち」店までは、徒歩で二十分ほどもあります。途中で彼女の気が変わって突然きびすを返すのではないかと、私はひやひやしながら、女性二人のあとをついていきました。彼女は自分が自殺しようとしていることを否定しませんでしたから、いつ私たちの手をふりほどいて闇の中へ駆け出しても、おかしくない雰囲気でした。

お店の灯りがこんなに心強く見えたことはありません。ようやくテーブルに腰を落ち着けると、なんだか私のほうが座り込みそうなくらいにホッとしました。

さっそく福本さんがおろし餅を出してきましたが、彼女は身を固くして座ったきり、手をつけようとしません。私はおそるおそる声をかけてみました。

「お腹はすいてませんか？　どうぞ召し上がってください……今日まで、つらかったんでしょう？」

とたんに彼女の肩がぶるぶると震えだしました。膝の上で握った拳に、あとからあとから涙がこぼれ落ち始めます。顔をくしゃくしゃにして、長い間彼女は声もなく泣き続けていました。

泣き止むまで私は、その落ち続ける涙を見ながら、ずっと待っていました。泣くうちに少しは気持ちも落ち着いてきたのでしょうか。ぽつりと彼女が口にしました。

「もう……どうしょうもないんです……だれも私の気持ちなんか、わかってくれない」

けれども満ちていた潮がひくように、ゆっくりと彼女の涙も乾いていきます。つきたてのおろし餅は、もしかしたら少し固くなりはじめていたかもしれません。でも、ようやく手をつけたお餅を、彼女はぺろりとたいらげました。気持ちもお腹も空っぽでここに辿り着いたことが、よくわかりました。

「歩いて雄島を一周して……二時間くらいかかって、ここまで来たんです」

そんなふうに、彼女、森田さんは、話し始めました。

森田さんの生まれは山陰地方、農家の四人きょうだいの末っ子として育ちました。母は高校三年のときに病で他界しました。二十五歳のとき、同じ町に住む男性と見合い結婚をして、その夫の仕事関係で、やがて故郷を遠く離れた大阪で暮らすことになります。二人の男の子を授かりましたが、アパート暮らしで近所の人とのつきあいはほとんどありません。近所づきあいも、得意なほうではなかったようです。

夫は酒好きで女癖が悪く、家庭を顧みない人でした。日ごとにたまってゆく鬱屈を晴らす相手もなく、子どもを連れて実家へ帰ろうにも、そこにはすでに兄嫁たちがいます。相談相手として頼っていたのは、夫の部下である男性でした。三歳年下の彼は、彼女の愚痴を同情的に聞いてくれました。つらい日々から逃れたい思いも手伝ったのでしょう、やがて彼女はその男性と、懇意になってしまいます。

四十歳のとき、彼女は二人の子どもを残し、相手の男性と駆け落ち同然で大阪を出ます。東京での新しい暮らしは、すべてを捨てての再スタートとなるはずでした。

風俗店やホテルの掃除婦など、彼女は懸命に働きます。今度こそ幸せになれると信じていました。けれども、新しい連れ合いが彼女に優しかったのは、最初のうちだけでした。

お酒は一滴も飲まないというところに安心していたのですが、彼はパチンコと女遊びが激しく、自分の働き以上にお金を使い、彼女に無心を続けました。ささやかな暮らしはたちまち困窮し、いくら働いても残るものがありません。

五年前、実家の父が亡くなり、父名義の田畑の遺産相続話が持ち上がったとき、彼女の頭にあったのは、「これで食えるようになるかもしれない！」でした。食うや食わずの生活から逃れたい一心で、彼女は兄たちに強引に田畑を処分させ、一千万円のお金を遺産相続分として取り上げてしまったのです。

しかし、そんなお金が身につくはずもありません。連れ合いはそのお金を資金に健康食品販売の会社を興しましたが、思うように商品が売れず、逆に借金二百万円を抱えて倒産してしまったのです。

「私がせっかく兄さんたちを裏切ってまで、お金を作ったのに……」

彼女は毎日のように、そんな愚痴をこぼすようになりました。その愚痴を疎んだのか、連れ合いが暴力を振るうようになります。彼女の連れ合いへの信頼は、とうに揺らいではいましたが、殴られ蹴られするうち、失意は絶望へと変わっていきました。

連れ合いと別れて自活することも考えました。しかし、その頃六十歳になっていた彼女が再就職する道は厳しく、仕事は、いつまでたっても見つかりませんでした。

「私が子どもを捨ててまで選んだ道は、なんだったんでしょう。子ども会いたさに何度か大阪へ行ったこともありますが、子どもを捨て男と逃げた身です。人間としてしてはいけないことをして、母親を名乗る資格なんてありません。もう子どもらも高校を卒業して、父親と離れて暮らしはじめたようです。顔を合わせても、今さら何をしに来たと言われるのがせいぜいでしょう。こんな人生は、もう終わらせたいんです」

彼女が東京のアパートを出たのは、一週間前でした。熱海から足摺岬まで、死に場所を探しながら転々とするうち、あそこならと思ったのが東尋坊だったそうです。

福井駅のコインロッカーに荷物を預けて、私鉄やバスを乗り継いで東尋坊に着きました。死に場所を探してお昼頃雄島を一周しましたが、死ねそうな場所が見つかりません。ようやくこのあたりで飛び降りる岩場を決め、夕暮れになったので向かおうというところで、私たちに止められたのです。

「私だって死ぬのは怖いです。でももう、生きてゆく望みもありません。すべて自分が悪いのです。私が身勝手なわがままばかり言って生きてきたせいですから、だれも頼れません。自業自得です」

それは悲痛な叫びでした。

「子どもを置いてほかの男と逃げた」とそこだけ聞けば、なんて身勝手なと思われるかもしれません。でも、家庭を顧みない連れ合いを支えながら、子ども二人を育ててゆくのが、どれほど大変か。ましてや地方から出てきて隣近所に知り合いもなく、相談どころか愚痴をこぼす相手さえいない女性です。

「家庭を守る気のない男とは、別れてしまいなさい」

「経済力をつけて、どうにか子どもと食べられるように、公的な援助を利用してみたらどうでしょう」

そんな助言をしてくれる人が周囲にいなかったのも、彼女にとって不運でした。追い詰められた暗闇の中で、一筋の光に見えた男性に、とっさにすがってしまったのでしょう。それが誤った判断だとわかるのは、私たちが当事者ではないからです。森田さんも今ではわかっています。私や皆さんだって、永遠に続くかのような暗闇の中に置かれたら、目の前の光に飛びついてしまうかもしれません。

「森田さん、森田さん、自分ばかり責めないでください。生きる望みがないとおっしゃいますけど、森田さんの望み、いちばん願っていることって何ですか?」

福本さんが森田さんの背中をさすりながら、そんなふうに呼びかけるうちに、森田さんの口からぽつりと、その言葉がこぼれました。

「もう一度、子どもに……」

それ以上は言えず、喉を詰まらせて、森田さんは泣き崩れました。

会えますよ！　会えますとも！　生きてさえいれば！

私が繰り返しても、森田さんは頷いてはくれませんでした。「会えるわけがない」と思い詰めていなければ、森田さんはここには来なかったのですから。

けれども、子どもに会うことが叶うかもしれないという希望さえ持てたなら、森田さんはきっとやり直せる。私はその気持ちに賭けてみようと決意しました。

「長い人生です。いつか、お子さんがあなたに会いたいという日が、来るかもしれない。そのときに、貧しくともきちんとした暮らしをしていたくはないですか」

その言葉の意味が森田さんの胸に届くまで、少し時間がかかりました。泣きはらした虚ろな目で、太股の上に組んだ自分の手を見ていた森田さんの表情が、わずかに動きました。そして森田さんは、ここへ来て初めて、私の目を見たのです。

「できるでしょうか……私に」

まだその顔は精気を失ったままでしたけれど、私は重ねて尋ねました。

「たとえば、どこかであなたを住み込みで働かせてあげると言うところがあったら、もう一度やり直してみる気持ちはありますか？」

その問いは、今度こそまっしぐらに、森田さんの心に飛び込んだようです。

「もし、こんな私を受け入れてくれる場所があるのでしたら……お願いします」

声こそかすれていましたが、その答えははっきりとして、間違いのないものでした。時計の針は午後九時を回っていました。私はすぐさま、ボランティアの受け入れ先施設に電話を入れました。場所は神奈川、ここ福井からは距離がありますが、森田さんのような女性が住み込みで働く場所としては、申し分ないと考えました。電話を取られた所長さんも快くこの話を受けてくださり、森田さんと直接話をした末、「体を慣らすため、一ヵ月間程職員宿舎の掃除などの下働きを、働けるようになったら警備員の仕事を手伝う。給料として、食事宿泊料込みで一日五千円で雇い入れる」と条件もその場で決まりました。

その晩は福井市内のホテルに森田さんを泊まらせ、翌朝には私の自宅で朝食をとってもらいました。森田さんは昨日よりずいぶん落ち着いた様子で、私の妻とも東京での生活の話などして、うち解けた様子を見せていました。

正直なところ、森田さんを一人で行かせるのは不安もありました。気が変わって途中下車し、どこかで再び死を考えるのではないかと。小田原駅まで迎えに来てくれる予定の、受け入れ側のかたの携帯電話をメモして本人に渡しながら、もしも……もしもと、こんなときは悪いことばかり考えます。

いや、「私、もう一度頑張ってみます」と誓った森田さんの言葉を信じて、応援してあげなくては。

午前九時十五分発のしらさぎ号で、森田さんはまた一人、新しい生活に向って旅立っていきました。小田原の駅から「無事に着いた」と連絡を受けたときは、ほっとした気持ちと、これからだという思いが半々ずつ、心の中を回っていました。


ときおり施設に問い合わせをして、所長さんから森田さんの状態を伺うと、彼女はその後順調に新しい生活に馴染んでいっているようでした。一ヵ月が過ぎた頃には、所長さんの家族の一員のような生活で、小学三年の息子さんもすっかり森田さんになつき、落ち着いた暮らしぶりのようです。

「先日は森田さんと家族全員で、近くにある小さな山へ日帰り旅行をしました。笑顔まで見せてくれるようになって、ほっとしています。働きたいという強い希望があるようですから、近々会社の社宅に住んでもらい、建築の下働きをしていただこうと考えています。社宅は三食つきですし、日給も五千円程度出ます。もう大丈夫だと思いますよ」

これでもう安心……と胸をなで下ろしていた矢先のことです。相談所の電話が鳴りました。受話器をとった福本さんの顔が、みるみる青ざめていきます。

「静岡県の、熱海警察署から……。自殺願望者と思われる女性を保護しましたって」

電話をかわりました。

「実は昨夜遅く、熱海駅の待合室に女性が一人時間待ちをしておりまして。駅前の交番員が職務質問したところ、自殺をしに錦ヶ浦へ行くところだというので、保護致しました。東尋坊でお世話になったかたがいて、そちらに連絡してほしいとのことでしたので、お電話させていただいた次第です」

神奈川県で住み込みで働いている女性、とのことです。思い当たるのは一人だけ。どうしても本人に話を聞きたいと思い、電話口に出てもらいました。

森田さんでした。泣きながら、「すみません、すみません」と繰り返しています。何があったのかを尋ねると、思いがけない答えが返ってきました。

「紹介していただいた会社で仕事を始めたのですが、何も仕事ができずに迷惑ばかりかけているのです。何もできないのに皆さん優しくて、気を遣ってくださって、給料までいただいて、申し訳なくてつらいのです。いつまでたっても私は、人の親切に甘えて生活を続けているんです」

愕然としました。まだ私は、森田さんの本当の闇をわかっていなかった。将来に希望が持てて、生活に不安がなくなれば、それでOKだと思っていました。森田さんが抱え込んだ罪悪感が、それほどまでに根深いものだったとは。

「私には母親を名乗る資格なんてない」と森田さんは言っていました。子どもに会いたい気持ちがつのるほどに、その思いは、「私には生きる資格なんてない」と変容していった。そして彼女は、東尋坊へやって来たのです。経済的に安定しても、その闇は容易には消えません。

「大丈夫、泣かなくていいですよ。言いたいことはよくわかります。皆さんが親切にしてくれるのが、余計につらいのですね。私の方から会社の所長さんに説明してみます。きっと所長さんもわかってくださいますよ。もう一度頑張ってみませんか」

電話を切ったあと、すぐさま神奈川の施設へ連絡を入れました。所長さんをはじめ、会社の担当のかたも、ずいぶん心配して捜してくださっていたようです。すぐに熱海まで引き取りに行っていただけるとのことでした。

でも、薄々予感はしていました。森田さんはもう、神奈川での仕事は続けられないのではないかと。周囲が温かく彼女を迎え入れるほどに、彼女の中の罪悪感は膨れ上がり、彼女を傷つけてゆくのですから。

予感は不幸にして的中しました。

年末になり、私たちが活動を開始して初めての正月用の餅の注文を受け付け、その準備で忙しく動き回っていたときです。二十五日の午後四時頃、久しぶりに彼女から電話がありました。

「今、東京駅にいます。何も持たずに会社を飛び出してきました。あそこで働くのはもう嫌です」

「そうですか……じゃあ東尋坊まで帰ってきませんか。福井県内で、住み込みで働ける場所がないか探してみましょうよ」

年末が押し迫った十二月二十八日午後十一時頃、森田さんはJR福井駅に舞い戻ってきました。電話がきてから三日後のことです。職場を飛び出したものの、いちおうは戻って後始末をしてきたようです。

さて、森田さんのこれからのことをもう一度考えなくては。

まずは福井県福祉部「女性相談所」に依頼して、正月明けまでの当座の生活場所をお願いしました。県の受け入れ条件は、その女性の現在の常態が急迫した状態であることと、働く意思と引き取り手があることです。私たちが引き取り人となることで、なんとか入所させてもらうことができました。

次は働く場所ですが、とりあえずは、私たちの活動資金作りのための、正月用餅作りを手伝ってもらうことにしました。年が明けてから、県内にある芦原温泉内の旅館などで働く場所を探し求めましたが、住み込みという条件もありますから、そう簡単には見つかりません。

結局、私の知人で奥越地方の山奥でレジャーランドを経営しているオーナーに、雇用をお願いすることになりました。

このレジャーランドは、奥越地方の広大でなだらかな山裾にあります。スキー場や温泉、牧場、地元大学校のキャンパス、テニス場が点在し、青空と牧草地が広がる大自然の中に、赤や青色に塗られた屋根の山小屋が散らばるリゾート地で、世俗を忘れゆったり過ごすには最適の場所のように思われました。地方で生まれ育った森田さんですから、この場所なら気に入ってもらえるのではないでしょうか。

ここの施設で働く人は、施設側で用意したアパートで生活することになります。場所は福井市内。片道一時間かかりますが、毎日送迎の車が出ますから、足に不自由はしません。アパートは共同トイレと共同炊事場がある木造二階建。六畳和室が十部屋程ある独身寮です。

ただ私としては、ここも森田さんにとっては一時の場所と考えていました。六十歳という年齢は、若い人に混じって働けるような歳ではありません。健康状態もどうなるかわかりません。近い将来、生活保護をお願いするしかないでしょう。

その決断は、あまりに早く訪れました。森田さんが働き始めて一ヵ月そこその二月十八日、施設のオーナーから、言いづらそうな苦情の電話が入ったのです。

「お預かりしていた森田さんですが、ここ二週間ほど仕事をしに出てこないのです。仕事はレジャーランドの風呂場の掃除が中心で、本人もできると答えたので任せたのですが。どうも部屋に閉じこもったままになっているようです。シゲさんに何とかしてほしいのですが……」

厚意で雇っていただいたのですから、平身低頭するしかありません。それにしても、あれほどまで仕事をしたいと言い続けていた彼女が仕事に行かないとは、何か事情があるのでしょうか。私たちは彼女のアパートを訪問してみることにしました。

「一緒に夕食でもいかがですか。福本さんの手料理でもお持ちしますよ」

森田さんも共に食事をすることは嫌がらず、私たちは彼女の部屋へ伺うことができました。

何もない部屋でした。片づいてはいましたが、森田さんは、「皆さんがいらっしゃるので、慌てて片づけたんです」と言い訳のように口にして、私たちを招き入れました。顔色はそんなに悪くないようです。

和やかに夕食会は終わりましたが、私がオーナーからの電話の件を伝えると、彼女は小さな身体をますます小さくして、最近体調が優れないのだと釈明しました。

「ビル掃除婦の経験はありますから、風呂掃除だって同じようなものと甘くみていたのですが、いざやってみると力仕事で……。だんだん手が痛くなってきたのですが、そのうち慣れるだろうと思っているうちに、ついに手が上がらなくなってしまったのです。痛いのを我慢して、溜め息をつきながら仕事をしていると、オーナーさんが余計に、無理しないで休み休みやってくださいと、労ってくださいます。その気遣いが胸につかえてしまいます。

気にしはじめるときりのないことですが、私だけがオーナーに特別扱いされているのはどうしてだろうと、何か勘ぐっている人がいるようにも感じます。どこか皆さんよそよそしくて、『死にぞこないのくせに』という目で私を見ている気がしてきました。

それと、一人だけですが、私の掃除の要領が良くないと言って、何かにつけてつらくあたる同僚がいるのです。手が痛くて一人前に働けないのは確かですから、どうにもいたたまれなくなってしまいました。それでも優しく接してくださるオーナーさんに申し訳なくてたまりません。

今まで身体はどこも悪いところがなくて、それが取り柄と自慢してきたのに、こうして手がうまく動かなくなると、寄る年波をつくづくと感じてしまいます。きっとここも、長くはいられないんでしょうね。せっかく皆さんに心遣いいただいて決まった職場なのに……。生活費も底をつきました。オーナーさんにも顔向けできません」

やはり心配していたことが起こりました。森田さんは自分で思うほどには働けない年齢になりつつあったのです。今までそれなりに働いた経験もあり、また健康には自信があっただけに、その衝撃は大きかったのかもしれません。

「森田さん、無理はいけませんよ。どうして早く連絡をくださらなかったのですか。このまま部屋に閉じこもっていたら、本当に病気になってしまいます。こういう本当に働けないときはね、ちゃんと市や国が助けてくれますから」

「それは、生活保護ということですか⁉」

いつになく感情を露わにした様子で、森田さんは拒絶しました。

「そんな、ダメです！　ひとさまのお世話になるくらいなら……」

死んだほうがいい、という言葉こそ呑み込みましたが、森田さんの言いたいことはよくわかりました。まだ森田さんの心には、「私なんか生きる資格がない」という気持ちが渦巻いているのでしょう。

ここで手を離したら、森田さんは今度こそ死んでしまう。私は断固として首を振りました。

「今のあなたには必要ですよ。それに、身体が治って働けるようになったら、生活保護を取り下げればいいじゃありませんか」

森田さんは沈黙しましたが、納得して口をつぐんだのでないことは明らかでした。

市役所は混み合っていました。

どこの市の福祉課も、似たようなものです。正面のカウンターは開放的といえば聞こえはいいですが、受付に来た人の申請内容は周囲に丸聞こえです。

「生活保護を……」

森田さんは小さな小さな声を振り絞って言いました。

「はい？　生活保護の申請にみえたのですか？」

明るい大きな声の受付担当者は、「こちらでご相談させていただきます」と、隣の相談室を指しました。

二畳間ほどの狭いスペースです。いくつか机が置かれていて、そこで相談を受け付けるのですが、隣のブースとは薄いベニヤ板で仕切られているだけで、相談内容も筒抜けです。それはまるで、「生活保護を受けるような奴にプライバシーなど要らない」と言っているかのようです。

担当者が姿を現しました。浮かない顔の森田さんに代わって、私が事情を説明します。ベニヤ板の向こうから、「それが無理だからこうしてお願いしに来てるんですよ！」とか、「とにかく今月分だけでも」とか、声を荒げて文句を言っているのが聞こえてきます。ちらりと森田さんを見ると、やはり福本さんの陰に隠れるようにして、身をすくめていました。

「それではご本人にお伺いしたいのですが……」

そうして、担当だという課長・参事・係長などが入れ替わり立ち替わり彼女に質問を繰り返します。隣では、その会話をメモする人もいて、まるで何かの容疑者が事情聴取されているような空気です。雰囲気に圧倒され、森田さんの答えはときにしどろもどろになっています。私と福本さんが二人でついてこなかったら、話がまともにできたかどうかもわかりません。

そうしてようやく出た答えは、生活保護までの道程の長さを示すようなものでした。

「まず本人による支援要請が必要です。また、森田さんを扶養することが可能な人がいないかどうか、家族の調査もしないと受けられません。それと現在健康を害して働けないことを証明するために、病院の診断書を取り寄せてください」

「もう行きたくない、生活保護なんて受けなくていい」と森田さんは言い出しました。

またも私と福本さんが、「ここを乗り越えて申請が認められれば、生活も安定するから」などとなだめて病院へ連れて行き、診断を受けさせます。めでたいのかどうなのか、「右頚肩腕症候群などで一ヵ月の通院加療が必要」という診断結果をいただき、生活保護の申請をすることができました。

「これで書類はほぼ揃いましたね。この状態なら申請がおりると思いますよ。安心してください」

市の担当者もそう声をかけてねぎらってくれたのですが、その優しさが森田さんの気持ちを逆撫でしてしまいました。

「やっぱり止めます。申請を取り下げてください！」

突然強い口調で言い、渡したばかりの書類を引ったくろうとします。

「ええ？　生活保護は受けられたほうがいいですよ」

「いやです！　いやですいやです！」

フロアに響きわたるような声で叫び、わっと泣きだしてしまいました。

「今まで税金なんか納めたこともないんですから、税金のお世話になるわけにはいきません！　自分でなんとかしますから、放っておいてください！」

「なんとかって……」

「シゲさんたちが勝手に決めたんです！　私がもう働けなくて、せ、生活保護を受けるしかない人間だって！　シゲさんたちが勝手に！」

「森田さん、落ち着いてください。とにかく……」

「離してください！」

福本さんが差し出した手を振り払い、私や市の担当者が止める声を振り切って、森田さんは飛び出してしまいました。

アパートへ戻ってくれたことだけが救いでした。ドアの前まで行って再び説得を試みましたが、森田さんは頑として、「生活保護だけは受けたくない」の一点張りです。

「私はずっと嫌だと言ってるのに、どうしてシゲさんたちで勝手にそんな話を進めるんですか。どうして私の気持ちを無視するんですか」

そこまで言われてしまったら、これ以上この話はできません。私たちは引き下がることにしました。このまま閉じこもっているのは良くないとは思いましたが、手の具合が快復すれば、彼女も再び働きに行けるかもしれません。

もちろん、このままうつ病などに移行して自殺を試みたり、食事もとれなくなって餓死してしまうなどの可能性も考えられます。不安を抱えながらも、まだ隔離というほどではないでしょうと判断して、様子をみることにしました。

そして三月十日。アパートの管理人さんから、強い口調で苦情の電話がかかってきたのです。

「森田さんの様子がおかしいんです。ここへ来たときは挨拶くらいはしていましたが、最近は部屋に閉じこもったまま出てきません。訪ねて話しかけても、何も答えなくなってしまいました。あれは相当強いうつ病じゃないでしょうか。いつ自殺してもおかしくないくらいの状態ですよ。

どうして放っておくんですか。それに、部屋で自殺でもされたら困ります。今すぐどうにかしてください！」

生活保護願い飛び出し事件から二十日ほどが過ぎていました。もう「本人が嫌がっているのだから」などと悠長なことを言っていられません。半ば引きずるように彼女を市役所へ連れて行き、生活保護の適用をお願いしたのです。

書類も揃えてありましたし、福祉課のほうでも調査や審査はほとんど終わっていて、残すは親族の所在捜査と保護意思の確認だけになっていました。親族の意思確認は引き取り人の私にお願いするということでしたので、さっそく彼女のお兄さんに電話をかけました。

「まだ生きていたのか！」

開口一番に怒鳴られましたが、とにかく今までの経緯を説明しました。しかし電話の向こうからは、冷淡な反応が返ってくるばかりでした。

「生活保護を受けるための手伝いをしろというんですか。冗談じゃない。父親が死んだとき、連絡しても葬式にも出なかったくせに、遺産分配の話になるや飛んできて、田畑を売れ、自分にはもらう権利があると。その田畑で食っている残された私たちの生活のことなど、そんなのは知らないと勝手なことを言って、もらうものだけもらったきりあとは音信不通ですよ。あれ以来彼女と私たちは、親族関係も何もかも切った仲になっています。私たちとは何の関係もありませんから。今さら何を泣きついてきてるんだか。今は私も病気をもっています。働けなくて自分自身も生活保護を受けようかどうしようか考えているところなのに、なんであんな女の面倒までみなくちゃならないんですか。たとえ野たれ死んでも、遺骨を拾いに行く気もありませんから」

一方的な恨み言を延々と並べ、電話は切られてしまいました。

親族の確認が取れなかったことを担当者に告げると、「でもこれでは、さすがに放ってはおけませんから」ということで、再び県の女性相談所への入所手続きをしていただくことになりました。そして同月二十四日、福祉課による生活保護の適用が決定されて、森田さんの身柄は私たちの手から離れ、行政の保護の手に委ねられることになりました。

これが最善の選択だったはずだと言い合いながら、私たちは一抹の悔しさを感じていました。結局私たちの力では彼女を日常へと戻してあげることができず、森田さんは本当にどん底に落ちるまでの辛酸を味わってしまいました。

その後、市から何回か連絡があり、うつ病治療のため精神病院へ三ヵ月間入院させることになったという知らせをいただきました。幸い病気は、順調に快方に向かったようです。今度は救護施設である社会福祉法人の施設で生活してもらうことになった旨の連絡が入りました。

森田さんはどうしているだろうか。生活保護は嫌だと、小さな身体を爆発させせんばかりに泣いていた姿ばかりが思い出されて、二ヵ月が過ぎました。

五月三十一日、「心に響くおろしもち」店のドアをくぐった私に、福本さんが弾んだ声で、彼女から郵便物が届いたことを告げました。

「それがね、何が入っていたと思います？」

なんと現金です。三万五千円、私たちがホテル代や電車賃として立てかえた金額ではありませんか。

「少しは元気になったんでしょうか」

「だといいですね」

うつ病の治療は、時間がかかります。今日は調子がいいと喜んでいると、明日はまた逆戻り。長く続く治癒への道を、一人ぼっちの森田さんがあきらめることなく歩んで行けるのでしょうか。

夏も盛りになった八月十九日、私たちは森田さんのいる施設を訪問しました。彼女を訪ねてゆく知り合いは少なくとも福井県内にはほかにだれもいないはずで、それなりに頼られているのではないかと期待したのと、やはり彼女のその後の様子が心配でしたから。土産として、福本さんとともに丸餅を一臼ついてかつぎました。

広々とした敷地内に、白色に塗られた一階平屋建ての鉄筋家屋の建物が連なっていました。大きな建物は、外観から察するに、作業場や運動体育館、宿泊施設などのようです。

そのうちのひとつで、森田さんと会わせてもらえるのだそうです。玄関から入ると正面が廊下で、右側は職員の事務所、左端には生け花が飾られています。

「シゲさんですね。お待ちしていました」

すぐ職員さんが出迎えに出てきてくれて、促されるままに面会申込書を書きました。左側にある応接間に通され、待つこと五分。白の作業着の胸にネームプレートを下げた女性職員に連れられ、私服の森田さんが姿を現しました。

「シゲさん！　福本さん！」

施設には訪問の連絡を入れておいたのですが、彼女には伝えられていなかったのでしょう。森田さんの驚いた顔は、ほんの数秒のうちに、ぱあっと喜びに輝きました。

「来てくださったんですね……嬉しい……」

涙ぐみ声を詰まらせる様子を見て、ああ来てよかったと胸をなで下ろしました。無理に生活保護を受けさせたことを、まだ怨んでいるのではないかと、それも不安でしたから。

職員さんは席を外してくれました。森田さんは、最後に会った半年前よりはずいぶん表情も豊かになり、気持ちが落ち着いてきているように見えました。ただやはりまだ「元気になった」とまではいかず、肩を落し半病人のようです。

「少し痩せたように見えますけど、大丈夫ですか？」

「大丈夫です。ここはとても環境が良いですし、職員さんも全員が親切にしてくださいます。ちょっとでも体調が優れないと訴えると、すぐに病院へ連れて行っていただけますし」

「さみしくないですか」

「五人部屋ですし、ほかに同じくらいの年の人もたくさんいますから、話し相手には不自由してません。ただ……」

「ただ？」

森田さんは額に手を当て、少しつらそうな表情になりました。

「うつ病がまだ治っていないようで、ときどきひどく頭が痛くなったり、朝がしんどかったりするんです。まだ自分の身体が自分のものでないような感じで」

「森田さん、うつ病はね、治るまでに一年くらいかかると言われてるんですよ。焦らないで、ゆっくり治療しましょうよ」

森田さんは頷き、実はもうひとつ気がかりなことがあって、ときどき気持ちがふさいでしまうのだと話してくれました。それは、二人の息子さんたちのことでした。

「生活保護の申請のとき、市役所のほうで、家族にも連絡をとることになったようです。それで様子を聞いていただいたのですが、下の子が父親と喧嘩して家を飛び出してしまったそうなんです。とっくに自活できる年ではありますから、どうにかして暮らしているだろうとは思うのですが、どこでどうしてと考えだすと、心配でたまらなくなります」

子どものことをずっと悔いている森田さんですから、それがどれほど心を重くするか、私たちにも理解できる気がしました。早くお子さんたちが森田さんのもとを訪ねてきてくれたらいいなぁと願うばかりです。

「ところであのお金のことですけれど」

「その節はありがとうございました」

森田さんは急に深々と頭を下げました。体調のいいときは、ここで土産物作りなどの軽作業をしていて、それで多少の賃金をもらえるのだそうです。まだまだ一人で暮らせるほどには働けませんが、私たちが立てかえた分のお金が貯まったのですぐに送ったのだと、森田さんは少しだけ笑顔を見せてくれました。

「このまま、ここにずーっといるわけにもいきません。早く病気を治して、どこかに住み込みで働きたいです」

たった三十分の面会時間は、あっという間に過ぎてしまいました。森田さんはもっと話したそうでしたし、私たちにも尋ねたいことはたくさんありました。再会を約束しての別れ際、玄関まで見送りにとついてきてくれた森田さんは、急に何か思い出したようです。

「シゲさん！　去年、東尋坊で餅つきの手伝いをさせていただきましたね。あのときは楽しかったなぁ……」

確かにそんなことがありました。でもあのとき彼女は、立ち直るために働いていた先でうまくいかず、打ちひしがれて東尋坊に戻ってきていたはずです。そんな苦しいときでも、いえ苦しいときだからこそ、あの餅つきの手伝いは楽しく感じられて、救いになったのかもしれません。

「今年も餅つきはするのですか？」

「ええ、その予定ですよ」

「じゃああの、施設の許可が出たら、今年もお手伝いに行ってもいいでしょうか？」

「もちろん歓迎しますよ、助かります！」

私たちは帰路につきました。振り向くと森田さんは施設の玄関に立ち、手を振り続けていました。姿が小さくなり、見えなくなるまで、ずっと手を振って見送ってくれたのです。


ひと月半が過ぎた十月六日、私と福本さん宛に手紙が寄せられました。

『こんにちは。相変わらずお忙しいことと存じます。八月にはわざわざお二人で逢いに来ていただいて、ありがとうございました。

今も、まだ調子はあまり良くないです。消防訓練の救急車が来るとドキドキして体が震え、涙が自然と出てきてしまいます。でも、少しずつ、少しずつと考えて、頑張っていくつもりです。

ときどき、一年前のことを思い出します。悪い夢のようでもあり、今の私のほうが夢のようでもあります。あのときお二人にお会いしていなかったら、今私はこうしてここにはいなかったはずです。本当にありがとうございました。』

最後の紙には、綺麗な黄色い野花と、紅色の木の葉の押し花が貼り付けてありました。

森田さんのいる施設は、奥越地方にあります。冬の早い地方です。朝夕の冷え込みもつらくなりはじめた平成十七年十二月八日、午後五時五十分頃、私たちは再び施設を訪問しました。

お餅の差し入れをすると、彼女は涙ぐみましたが、それはもうすっかり嬉しさの涙で、心身共に見違えるほど元気になっているのがわかりました。施設内での毎日は充実してきているようで、慰安会で楽しい出来事があったことなども、手振り身振りを交えて話してくれます。

この話をするのはどうかな、とためらいながらでしたが、私は思いきって言ってみました。

「早くお子さんに会いたいですね」

森田さんはうっすら涙を浮かべ、何度も頷きました。

「会いたいです」

「きっと会えますよ。あきらめないでくださいね」

「あきらめません！」

＊　＊　＊　＊

東尋坊の崖の上から身を投げようとするとき、人は孤独です。でも、そこに辿り着く前に、とっくにその人は孤独になっているのだと思います。ふとした巡り合わせで、それとも人生の岐路でのただ一度の選択ミスで、だれもが孤独で救われない人になり得ます。

「あなたは孤独だ。あなたには生きる資格がない」

一度その声が聞こえ始めると、容易には振り払えない。どこへ行き、どんな人の優しさに包まれても。

でも森田さんはゆっくりとですが、孤独の世界から戻ってきてくれました。人に助けられることを受け入れて、再び人とつながってゆく道を選んでくれました。

森田さん、あなたはすごく頑張っているよ！　胸を張って生きていいんですよ！　いつか森田さんの思いが子どもたちに届く日が来ると、私も信じていますからね！　生きる資格のない人なんて、この世のどこにもいないんだから！

森田さんからの二通目の手紙

おろし餅の由来

北陸地方の、とくに福井県では、お正月餅をつくのは十二月二十八日～三十日頃です。親戚の人や近所の人とのつきあいの場として、一軒の家（当番）に餅米を持ち込み、共同して正月用の餅をついたものです。

餅つきの事前準備として、前日にそれぞれの家から餅米を持ち込み、女性の仕事として共同で餅米をとぎ、大きな桶樽などに水を張り一晩漬けておきます。そして、翌朝になると子どもたちが蒔割りをし、蒔に火をつけて、大きなナベと蒸篭で餅米を蒸すのです。

蒸し上がった頃に力持ちの男衆が集まり、臼と杵を使って蒸し上がったお米をつきます。

男性が杵を持ち、女性が手元を務めるのですが、そのときのペアは決まっていません。集まった男女が随意にペアになるのですが、二人の呼吸が合っているの合っていないのなどと言っては持て囃しひやかしたりして、二人の仲や夫婦間の仲の良さなどを推し測りつつの、談笑の場となっていきます。ときには若い男女の恋が芽生えることもあるようです。

単純な餅つきであっても、二人の呼吸が合わないと、手元を務める女性の手を杵で打って大怪我をすることもあります。笑顔で、気持ちを合わせ、互いをいたわり合いながらの作業となります。

一番最初につきあげたお餅は天神様用の「鏡餅」と決まっており、次に佛さん用の餅、正月に食する雑煮用の餅、子どものおやつ用の餅と順次ついていくのですが、最後につくのが「おろし餅」です。

餅つきが終わる頃になると、関係した家族全員が餅つき場に集合してきます。そして、つきたての温かいお餅をひと口大に切り、醤油で味付けしてある大根おろしの中へ入れて、全員が車座になって食べるのです。大仕事の締め括りに待つ、楽しみなひとときです。

親戚や近隣者との親交を深める大切な場です。変わらぬ連帯感を確認し合い、近所の子どもたちは仲良く年末の遊びに興じ、親たちは元気で素直に育っている子どもらの姿を確認して、喜び合い感謝しながら逝く年・迎年を語り合うのです。

このうえなく贅沢なひとときに供される食事が、このおろし餅なのです。

おろし餅には、幼少の頃の自分の姿、両親、家族、近所の人の心の温もり、ふる里の味が写し出されます。遠い幼少の頃の自分の思い出が浸み込んでいるのです。

私たちの活動拠点では、人生に疲れて遠方から辿り着いた人たちにこのおろし餅を提供することにより、昔あったふる里の光景を思いうかべてもらい、在りし日の親の愛情を感じてもらえたらと考えました。また「おろし餅」を食べることで、懐かしい故郷の思い出とともに、忘れていた不思議なパワーが蘇るかもしれない……。そんな願いをこめて、お餅を提供することにしました。そしてこのお餅を、「心に響くおろしもち」と銘打ったのです。

お餅はお店の奥にある二升づきの機械でついています。ちょっとお待ちいただけば、いつでもつきたてを出すことができます。ほかほか温かく柔らかいお餅に、おろしたての大根を絡めて醤油を垂らせば完成です。

夏場には希に、辛みの強い大根に当たることもありますが、ご愛敬と思ってご容赦を。いつもは穏やかに辛味の効いた、心と身体を労ってくれる味です。

お店の場所は東尋坊タワーを目の前にした、駐車場の真正面。お子さんには、きなこ餅などもご用意できますので、観光の際にはぜひお立ち寄りください。

平成十七年十月二日、日曜日・午後五時四十分
だれにも迷惑をかけない場所へ・・・
『未来への希望なんて何もない』

「こちらでこの活動を始められてから、お会いになった自殺企図者は、何人になりますか？」

「七十一人です」

「七十一人！　そんなに……！」

　でもね。全国には毎年三万人も、自ら命を絶つ人がいるのですよ。あなたやあなたの周りの人が、いつその三万人のうちの一人になるか、わからないんです。

　テレビカメラは私を映し、私の後ろの東尋坊の絶景を映し続けています。二日前から、三週間の予定でテレビ局の密着取材が入っているのです。

　今までに、ＮＨＫから民放まで、十数回の密着取材を受けています。どの局も、自殺企図者との遭遇事案を最低でも二～三件取材して帰って行き、遭遇事例がないときは一ヵ月以上という長期間の取材となります。

　テレビを通じて、「まだ死にたくない！」「だれかに助けてほしい！」と叫び続けている自殺企図者の生の声を、広く聞いていただくことができるのですから、これはありがたいことです。

　撮影スタッフは、私たちがパトロールに向かうところをぴったりついてきます。対象者を発見すると、すぐに私たちから遠く離れ、望遠レンズで後を追います。

ある程度の撮影を終えたところで私から、対象者のかたに撮影の件を告げ、プライバシー保護の措置を取って放映させてもらえないかとお願いします。

「実は今ほどのあなたの姿を、テレビ局の人が離れて撮影していました。死にたいと思うほどのつらさを、周囲はなかなか理解してくれませんし、行政の支援もとても充分とは言えません。特定はできないよう映像はぼかしますから、あなたの姿で、死んでいった人やこれから死のうと考えている人のつらさを代弁してやってはもらえませんか？　行政に訴えていただけませんか？　もっと弱者に手を差し延べてくれる、そんな社会にしたいのです」

拒否する人もいますが、大半の人はしぶしぶながら引き受けてくれました。拒否の理由は「世間の笑い者になりたくない」というもっともなものがほとんどですが、承諾していただけた人の中には、世間に訴えたいことがまだあると言って、姿勢を正して再度のインタビューを求める人もいました。

「私の住んでいる地方以外での放映なら、ボカシも入れていただかなくていいですよ」

そう答えて積極的に協力してくれた人もいます。

「七十二人目」も、そんな協力者の一人でした。

＊　　＊　　＊　　＊

遊歩道を通って松林を抜け、見通しのいい岩場へさしかかります。海抜二十五メートルの断崖絶壁は、日本海の広がりに雄島が浮かぶ絶景が一望できる最高のビューポイントです。岩場の最先端まで生えた雑草の合間に、庭石ほどの大きさの岩が点在していま す。ちょうど腰を掛けて休むのに適したサイズの岩で、そこに小柄な男性が一人腰を下ろしていました。

周囲は夕闇に包まれつつあります。勇壮な日本海の景色も、黄昏に溶けていこうとする、逢魔が時まであとわずか。この場所はまさに一歩踏み出せば谷底、この世とあの世をわかつ境界線です。周辺には高さ五十センチメートル位の柵が設置されていますが、柵が潮風で古ボケており、柵と柵を繋いでいるチェーンも腐って外れています。

雑草の真ん中に、一本の細い道が海に向かって十メートルほど続き、その先は崖下へ消えています。地元では「自殺道」と囁かれる、異様で不気味な道です。実際ここから何人もが飛び込んで命を落としているのです。

男性は何か考えごとをしているようです。時間も場所も揃いすぎています。一刻の猶予もありません。

「……どこから来られました？」

顔を覗きこむと、四十歳くらいのかたでした。返事は返ってきません。伸びてボサボサの髪の下に、半ば隠された顔は、泣き顔になっていました。

ジーパンにカーキ色のシャツを着て、くたびれたスニーカーを履いています。足もとに置かれたコンビニ袋には、パンとジュースのようなものが入っているようです。

「私たちはここで自殺防止活動のボランティアをしている者です。あなたが何か悩んでらっしゃるようでしたので、声をかけさせていただきました」

「今日までに何人もの自殺をしに来た人たちに遭遇しているんですよ。悩みごとを伺って、私たちも知恵をお貸ししまして、元気を取り戻していただいています」

「本当につらい思いをされているかたばかりですが、ここから人生の再出発をされるんですよ。あなたも今まで、ずいぶんとつらい思いをされてきたのでしょう？」

穏やかに話しかけていると、男性の泣き顔が歪み、号泣しはじめました。むせびながら、「もう、どうなってもいいんです」と声を絞り出します。

「ええ、ええ、わかります。死ぬしかないと思うくらいつらいことって、ありますよ。でも、死ぬ前にその悩みを私たちに話してください。住所や名前は伺いませんから」

しばらく沈黙が続きました。波の音だけが繰り返し響きます。いつもは快い波の音も、今は「自殺道」の向こうから男性を招いているようで、握りしめた私の手にもじっとりと汗がにじんできました。

「……この近くに」

ようやく男性が口を開きました。

「『救いの電話』と書かれた電話ボックスがあるでしょう」

「ええ、ありますね」

「さっきそこから、母親に最後の電話をしたところです。これ以上家族に迷惑をかけたくない。みんな僕が死ぬのを待ってるんです」

「そんなの、絶対になにかの勘違いですよ！」

静かに、けれどもよく通る声で福本さんが言って、男性の肩に手をかけました。電話をかけたのは、救いを求めているということでもあるように思います。この人は助けられる。私は確信しました。福本さんが身をかがめ、男性の顔を覗きこみます。

「近くに私たちの休憩所があるんです。そこで最初から、話を聞かせてもらえませんか？」

男性の顔は硬直したままです。もしかしたら、自分の力では立てなくなっているのかもしれません。死を目前に意識すれば、だれだってこうなる気がします。

私がどう促そうか迷っていると、すかさず福本さんが続けました。

「ここは危険ですから立ってください。つかまって」

私と福本さんが手を差し延べると、男性はおずおずと腕を出してきました。両腕を私たちの肩に掛けさせます。ゆっくりと立ち上がり、その場を離れました。ここまで三十分ほどもかかったでしょうか。

左右から男性を支えるようにして、「心に響くおろしもち」店まで辿りついたところで、まずはお腹が空いていないかと尋ねてみました。

「ああ、パンを持っていますから」

何も要らないと言うような仕草で手を振りましたが、重ねて、

「そのパンはあとで食べることにして、この店のおろし餅はいかがですか。ご馳走しますよ。元気が出ると言われる名物なんです。作りたてで、柔らかくて温かいですから」

と勧めてみました。

「そうですか……じゃあいただけますか」

おろし餅を出すと、たちまち一皿ペロリと食べてしまいました。まだお腹が空いているようです。もう一皿どうぞと出すと、これもまたペロリとたいらげます。おいしそうな食べっぷりでした。

救いの電話2番
旅先からふる里へ
電話してみませんか

「お餅、お好きですか」

「ええ、まあ」

「今年の正月はお餅を食べましたか?」

「今年は食べてませんね……子どものときは、雑煮にして食べたのですが」

こわばっていた表情が、少し和らいだ気がします。私は頷きました。

「お餅を食べると、不思議と子どもの頃を思い出しますよねえ。両親のこととか、故郷のこととか……」

男性は二皿目の大根おろしの汁までを飲み干すと、丁寧に箸を揃え、「ごちそうさまです」と礼を言いました。明るいところで見るその顔は、無精髭が浮き薄汚れてはいましたが、さきほどまでの悲壮さは薄れて、少し落ち着きを取り戻したかに見えます。

「ところで、実はですね」

私はテレビの撮影が入っていることを告げました。男性はちょっと怪訝そうな顔になりましたが、「顔や会社の名前は隠していただけるんですよね?」と確認して、撮影を許諾してくれました。

男性、近藤さんは関東圏で生まれ育ち、両親と二人のきょうだいは東京に住んでいます。

長男であるためか、父親からの期待が大きく、厳しい育てられ方をしたようです。弟や妹のほうが勉強ができたので、いつも比較され、つらく当たられていました。一種のいじめのようなものです。母親が間に入ってくれましたが、そのため両親は常にいがみあい、殺伐とした家庭になっていきました。父親はそれでも自分が原因だとは思わず、「母親が自分の言うことを聞かないから、息子もああだ」くらいに思っていたようです。

父親に反発した近藤さんは、高校卒業後建築関係の専門学校へと進み、宅健や建築士の免許を取りました。そのまま家を出て、関東にある大手の不動産兼建築会社に入社しました。

弟は公立大学を卒業して商社マンとなり、縁あって婿養子に入りました。今は東京都内で所帯を持ち、二人の子どもに恵まれて普通の幸せな家庭生活を送っています。妹は国家公務員になり、同じ職場の幹部職員と結婚して東京都内で優雅な生活を送っています。

近藤さんを含め、子どもたちがそれぞれに独立への道を歩んでゆく間に、父親が大変なことになっていました。十数年前に仲間と会社を立ち上げ、多額のお金を投資して運営していたのですが、その会社が倒産。個人保証をしたため父親名義の財産も全部取り上げられてしまい、住むところもなくして、今は妹夫婦宅で借家住まいをしているのです。

父親は当時の仲間を相手取り、裁判を起こしました。しかも弁護士を雇わず本人訴訟です。第一審は負けたものの控訴し、現在高裁で審理中だそうです。毎日図書館に通っては法律の勉強をするばかりの生活が、ここ何年も続いています。去年からは年金生活者となりましたが、お金はすべて裁判につぎ込んでいるようです。母親も六十代になりましたが、近くの食堂でパートとして働き、生活費を得ています。

それでも父親の目は覚めません。子どものところへ来て、「この裁判に勝てば数千万円は取り返せる。必ず勝ってみせるから弁護士費用を貸してくれ」と再三お金を引き出していく始末です。業を煮やした妹婿が法律事務所で相談したところ、「相手との契約は口約束であり、それを裏付ける証拠が何もないためこの裁判は勝てない」と言われたそうです。家族全員が父親に、もう裁判はあきらめてほしいと言っているのですが、彼は一向に言い分を聞き入れません。

いちばん迷惑しているのは、妹とその婿でしょう。弟は婿養子に行っているため、さすがの父親も頼って行けません。本来なら長男である近藤さんが面倒をみるのが世間的には筋でしょうから、妹夫婦と顔を合わせるたび険悪な雰囲気になってしまいます。

そんな折り、近藤さんは喘息を患ってしまいました。二年ほど前です。病院通いが続き、仕事も思うようにいかなくなってきました。同じ会社に約二十年間勤め、実家とは絶縁状態に近く結婚もしていない近藤さんには、人生のすべてのような仕事です。病状はおもわしくなく、やがて人と話すときなどに咳が止まらなくなって、接客の仕事ができなくなってしまいました。お客さんとのコミュニケーションや細やかなケアも近藤さんの自負するところでしたから、近藤さんは次第に、すべてを失ったかのような絶望に囚われていったのです。落ち込んだ近藤さんは、しばらく休暇をとるよう勧められ、会社から休暇をもらいました。

休職を決めた頃近藤さんには、半年ほど一緒に暮らしている女性がいました。将来は結婚も、と考えていましたが、それを知った父親が烈火のごとくに怒り、素性もわからないような男のところへ転がり込んでくるようなだらしない女は、どうせろくでもない奴だと決めつけて、早く息子と別れろと彼女に言ってしまったのです。もちろん近藤さんは何度も大喧嘩しましたが、父親は近藤さんがいない間に何度も彼女に電話をかけていたようです。たまりかねて彼女は姿を消してしまいました。

一年間の休職後、もとの会社から復職の打診がありました。でも近藤さんの喘息は完治していませんでしたし、何より近藤さん自身が打ちひしがれ、もう働く気力を失っていたのです。アパートを出るのも嫌になり、一種の引きこもりで、休職期間を含めて丸々二年ほどを無職のまま過ごしました。

二十年間のサラリーマン生活でこつこつと溜めて、五百万ほどあった預金も、すべて使い果たしました。そうして月五万六千円の家賃が今月は払えないことに気づき、愕然としました。

妹や弟も、再就職できない兄の様子を気にはかけているようです。しかし、気遣いだけでなく、働けるのに働こうとしない兄への苛立ちもつのっていったようです。とりわけ父親の面倒を見ざるをえない妹婿の苛立ちは、相当のものだったのでしょう。

「働きもしないで、いつかいつかとアテにならないことばかり言っているのは、父親ゆずり……」

それは口喧嘩の末につい口にしてしまった言葉だったのでしょうが、将来への希望を失った近藤さんの背中をひと押しするには、充分すぎる一言でした。

「一週間ほど前、身ひとつでアパートを出ました。東尋坊が自殺の名所というのは、以前聞いたことがありましたから。昨夜の午後十一時頃にJRあわら温泉駅に着いて、駅からずっと歩いてきました。どこかへ泊まるようなお金もありませんでしたから」

あわら温泉駅からここまでは、二十数キロあります。着いたときは午前四時頃だったそうです。初めて来たまっすぐな道を、もう戻らない覚悟でとぼとぼと歩いてゆく近藤さんの姿を想像すると、胸が痛みました。

日の出とともに、近藤さんは飛び込む場所を探し始めます。雄島を一周したものの、自殺できそうな場所が見つからなくて、お昼頃に東尋坊に戻ってきました。そのときは観光客が大勢いたので、日没を待って飛び込もうと時間を決め、あとは場所だけ……と、何時間もかけて岩場を見て回りました。ここと決まったのは、午後遅くだったそうです。

日没までは時間があり、お腹も空いてきたため、ポケットに残っていた五百円でパンと牛乳を買いました。買いに行った帰りに『救いの電話』を見つけ、母親に電話をかけたのです。

「母はいつも、自分の育て方が悪かったから僕をこんなふうにしてしまったと嘆いて、僕に詫びてばかりでした。そんなことはない、僕がこんなふうになってしまったのは、僕が怠け者だからです。気が弱くて、父親の悪意から同居している女性を守ってやることもろくにできない、甲斐性なしだからです。もう未来への希望なんて、何もない。

少しでも母の気持ちを楽にしてあげたくて、『しばらく旅に行ってきますから、僕のことは忘れてください。迷惑かけてばかりで、ごめんなさい』と電話したんです」

母親はさすがにピンときたようで、「今どこにいるの!?」と叫んできましたが、近藤さんは答えずに電話を切りました。その瞬間、この世への未練が断ち切られ、飛び込むしかないのだと心に決めたそうです。

ここまでの話を聞き終えたときには、午後九時を回っていました。

近藤さんの話を聞くうちに、見えてきたものがあります。近藤さんはとにかく、家族に迷惑をかけたくないのです。平気で家族に迷惑をかける姿は、彼が苦しめられてきた父親の姿そのものだからです。

「両親にもきょうだいたちにも、連絡しないでください。虫のいい話ですが、もしだれにも内緒で住み込みとして働ける場所を紹介していただけるのでしたら、もう一度頑張ってみます」

それが近藤さんの結論でした。

「わかりました。そういう場所を考えてみましょう」

何箇所ものボランティアの皆さんから、そうした場所のご提供をいただいています。きっと近藤さんの再起を助けてくれる場所もあるはずです。

その晩は、私の友人である前田さんご夫妻のお宅に近藤さんをお願いすることにしました。前田さんは私たちボランティア仲間の最長老であり、大きな田舎風の家に二人で暮していて、部屋数もたくさんあります。事情を説明したところ気持ち良く引受けてくれました。

　車で十分ほどのお宅へ伺ってみれば、まるで近藤さんの歓迎パーティのように、海老のバター炒めなどがテーブルに出てきました。奥さんは話し上手で、冗談を交えながらの世間話をするうち、すっかり近藤さんもうち解けたようです。午後十一時頃、私たちは近藤さんをおいて前田宅を引き上げました。


　翌朝午前十時頃、前田夫婦が近藤さんを私たちがいる相談所まで連れてきました。さっそく具体的な話し合いが始まります。

　近藤さんが住み込みで働けそうな場所は、十箇所ほどでした。すべて民間のボランティアです。ほかの選択肢として、民間の人にお願いする以外にも、行政に引き継いで生活保護を申請する方法があります。

　ただ今まで、他県に住所があるうえ、比較的若い男性の生活保護を申請したことはありません。どうなるかはわかりませんが……と口ごもってしまいましたが、近藤さんは「他人様のお世話になるよりは、生活保護のほうが、気が楽かもしれない」とのこと。

　近藤さんは四十代前半です。こんな若い人を行政に引き継いだ場合、どんな対応をしてくれるものか。

「思い切って、福祉事務所にお願いしてみましょうか！」

そんな結論が出て、私たちは福祉事務所に電話をかけ、近藤さんの保護をと申し出ました。

地元の福祉事務所の課長以下三人が相談所まで来てくれたのは、午後一時頃でした。私たちが近藤さんと遭遇してから今までの経緯や彼の家族関係のことについて説明する間、本人も直接事情を聞かれています。

ひととおりの話を終えたところで、福祉事務所の人から説明をいただきました。

女性の場合は、女性相談所などが相談を受け、一時保護として場合により三ヵ月間を目処に引き受けてもらえる場所があります。しかし男性の場合は、そのような施設自体がまずないのだそうです。どうすることもできません。

「『現在地保護』というのがあるでしょう。生活保護法第十九条により、この彼のように急迫した状態にある人を保護するのが行政の義務ではないですか？」

強い口調で言ったのですが、返事は冷たいものでした。

「福井県では、県外の人に対するそんな予算はありません。現在地保護の解釈は、急迫な人へのものと考えていただきたい。例えば、行き倒れになって動けなくなった人たちです」

「それは『行旅病人及び行旅死亡人取扱法』に定められている人ではないですか？　生活保護の適用範囲と行き倒れは、関係ないじゃないですか。ここに、弁護士さんから預かっている『これが生活保護だ』という本があります。現在地保護の適用範囲が書かれていますが、お読みになられますか？」

押しつけるように手渡してみました。担当者は、渋い顔で読みはじめ、しばらく無言が続きます。

「……ちょっと失礼しますよ」

三人は目配せしあって、私たちの前から消えました。彼らが乗ってきた車の中で、何ごとか話し合っているようです。きっと私たちのいるところでは話せない内容でしょう。

一時間ほどして三人が戻ってきましたので、私は初めて、テレビの取材のことを明かしました。

「実は近藤さんの件を、テレビ局が密着取材している最中です。今しがたも遠くから、皆さんがいらして話し合っている場面を撮影していました。近藤さんが今後どうなるか、行政がどう動いてくれるか、ことの成り行きを見守っています。何もできないならできないでいいのですが、法律に則った正しい措置をお願いします。行政は動けないということであれば、私どものほうで私費を投じてでも彼を助けますから、とにかく結論を出してください」

私は撮影スタッフを相談所に招き入れ、福祉事務所の人たちと直接取材交渉をしてもらいました。福祉事務所の人は困りついささかムッとした様子で、

「取材はお断りします。私たちのほうで彼を何とかしますから」

と言い切り、また三人だけでぼそぼそと話し合って、どこかへ連絡をとり始めました。

そんなこんなで三時間ほどが過ぎた午後四時頃、精神科医を名乗る男性一人と女子職員の二人が「応援」に駆けつけました。

「今から彼の精神状態を診察したいので、相談所を使わせていただけませんか」

奥の部屋をお貸しすることにしたのですが、当事者以外は部屋から出てくださいのこと。「正しい診断がくだせませんから」と言われたら、席を外すしかありません。

診察には小一時間かかりました。医師らを含めた五人が、再び彼らの車で秘密会議です。

「近藤さん、何を聞かれたの?」

福祉事務所グループの不穏な動きを気にしてか、福本さんが不安げに近藤さんに尋ねています。

「べつに……皆さんにここで聞いていただいたのと同じようなことです。どうして東尋

坊へ来たのか、無職になった経緯は……というような。ああ、あと、なんか今の気持ちをしつこく聞かれました」

「気持ち？」

「今現在もまだ自殺願望がありますかって」

「で、近藤さんはなんて答えたんです」

窓の外に見える福祉事務所の車をそわそわと振り返りながら、福本さんはまだ不安そうです。

「まあ、正直に……今は死ぬのが怖くなりましたけど、生き続けたいとも思わないです、って。自殺したい気持ちは八〜九割ありますけど、一人で生きていく自信がありません、というようなことを」

身を乗り出した福本さんが、うんうん頷いてその話を聞いています。

窓の外が薄暗くなった午後六時頃、ようやく結論が出ました。店のテーブルに関係者が全員勢揃いし、課長が「私どもの結論から申し上げますと」と切りだしました。

「近藤さんは福祉事務所側で引き受けたいと思います。保護する場所は県立病院の精神科です。病院で心のケアをして、回復を待ちながら、今後のことを決めていくということで、いかがでしょうか」

最後の一言は、当事者である近藤さんに向けられたものでした。近藤さんはあっさり頷いて、「お願い致します」と同意しました。彼としては、親きょうだいに知られることなくかくまってもらえるなら、私たちが紹介するボランティア施設だろうが病院の精神科だろうが同じようなもの、という判断だったのでしょう。

近藤さんが福祉事務所職員の二人に挟まれ、どこかへ連れ去られるかのように車の後部座席中央に乗せられる姿を見たとき、なんだか大仰な光景だなぁと苦笑いがこぼれそうになりました。そのときの私は「精神科に保護する」という言葉の意味を誤解していたのです。それはきっと近藤さんの心のケアのために入院させるもので、近藤さんの望み通り親きょうだいの知らない場所で静かな時間を送り、落ち着いたところで再就職への道を模索してゆくのでしょう、と。

上手くいけばこの先も、東尋坊で遭遇した人の心のケアは精神病院のプロの手で……ということになるかもしれない。ひとつの試金石です。

「うまくいくといいけど……」

福本さんの溜息を、心配性ですね、と私は笑い飛ばしたのですが。

果たして、福本さんの予感は的中してしまいます。

翌日、十月四日は雨模様でした。

午後二時頃、雨の中突然二人の訪問者がありました。近藤さんの母親と弟と聞き、私たちはおやっと思いました。近藤さんは家族に自分の所在を知られるのを嫌がっていましたから、福祉事務所側がこっそり連絡をとったのでしょうか。心配しているご家族の気持ちを考えれば、それなら納得できます。

しかし二人は今しがた、県立病院に入院している近藤さんを見舞いに行った帰りだというのです。

「様子はどうでしたか?」

何も知らないふりをして尋ねましたが、二人の困り顔を見て、答えの予想はつきました。

「私たちの顔を見るなり、半狂乱になってしまって……。約束が違うとか、帰ってくれとか叫びながら大暴れして、すぐ病院の職員のかたに連れ戻されてしまいました」

息を呑みました。あんなに家族に会いたくないと繰り返していた近藤さんを、無理に引き合わせてしまうなんて。おまけに明日には、妹婿もこちらへ着いて、全員で近藤さんを連れ戻す予定なのだそうです。私たちは、慌てて止めにかかりました。

「全員揃われましたら、まずこの相談所に立ち寄っていただけますか。近藤さんにとって一番良い方法を一緒に考えてみましょう」

約束通り、翌日午後一時半頃には、関係者が相談所に集合しました。そこで私は詳しく、近藤さんが家出した経緯を聞くことができました。

近藤さんが二年間もアパートに閉じこもったまま暮らしているのを見かねて、妹婿がわざわざ説教に出向いたようなのです。妹婿という人は国家公務員の幹部職員だそうですから、言ってみればエリートです。四十歳を過ぎてニートになった近藤さんを相手に、相当にきついことも口にしたようです。

「お義母さんに、自殺を臭わせる電話がかかってきたと聞いて、責任を感じていました。保護されたと聞いてホッとしたのですが、場所が精神病院でしょう……。あんなところに置いておけませんから、無理にでも連れ帰るつもりで来たのですが、私のことを相当に怨んでいるようですし」

いささか当惑気味のようです。彼としてはどれもこれも、善意でやったことなのかもしれません。

「連れ帰るのは難しいかと思いますが……」

「ええ、昨日の様子を聞いてそう思いました。連れ帰っても彼は自活できませんし。生活保護を受けてもらうことも考えましたが、世間体もありますしね。それくらいなら家族で面倒をみようかと」

「しかしそれでは近藤さんが納得しないでしょう」

話し合いは三時間近くに及びました。そして、とにかく近藤さんのいる精神病院が、今すぐ連れ帰らなければならないほどひどい場所なのかを確認しようということで、翌日私と福本さん、母親、弟の四人で、見舞いに行くことになったのです。


私たちが病院を訪れたのは、翌十月六日木曜日、午前十時頃でした。

最初に、面会者として登録してある人の名前をインターホンに告げます。これを言わないと病棟に入れてもらえません。

病棟に入ると、たくさんのドアの並んだ白い廊下が続いていました。どこか違和感を覚えたのは、ドアとドアの間隔が狭いからのようです。刑務所の独居房を連想しました。すべて個室で、部屋そのものも広くはないのでしょう。

どこからかひっきりなしに、意味不明のことを叫びたてる声が聞こえてきます。最初は近藤さんに会えることを喜んでいた福本さんは、すっかり無口になってしまいました。私もショックで何も言えません。

けれどもさらにショックなことが、その先に控えていました。

近藤さんの部屋に入ります。三畳ほどで、窓はありません。板で仕切られた隣の部屋から、大声で騒ぐ声が聞こえてきます。

中央にマットが置かれていました。その上に横たわった近藤さんは、両手両足と腰をベルトで縛り付けられていました。ドアが開いたのに気づいて、近藤さんがぐるりと頭を回し、こちらを見ました。その動きで福本さんがうっと息を呑みます。ナースコールのようなものはないかと部屋を見回すと、天井の隅にカメラが備えつけられていました。二十四時間監視されているのでしょう。

看護士を呼んで解錠をお願いしたところ、すぐに飛んできて解錠してくれましたが、近藤さんのそれからの反応は奇妙なものでした。

とりあえず手足が自由になったことを喜んではいるらしく、私たちの顔を見てニヤニヤ笑ってはいるのですが、挨拶ひとつするでもありません。母親が持ってきた旅行鞄を取り上げると、中から衣類を取り出し、詰めます。また取り出し、また詰めます。

「兄ちゃん、具合はいいの?」

おそるおそる弟が尋ねました。一昨日は二人の顔を見て大暴れしたそうですが、今日はそんなこともないようです。ただニヤニヤしながら弟に近づくと、背中を合わせて立つよう身振りで指示を出し、もたれあって背伸びをしました。その動きを、何度も何度も繰り返すよう要求します。何か遊んでいるようで、弟は当惑しきってそれにつきあっています。

「近藤さん、シゲです。覚えていますか？」

そっと尋ねてみましたが、近藤さんの反応はありません。ニヤニヤ笑っているだけです。

「ほら、東尋坊の……。前田さんのお宅で一緒に海老をご馳走になったでしょう」

近藤さんはニヤニヤ笑いながら、ぼんやりとした目で壁を見て、ゆっくり身体を揺すばかりでした。

「近藤さん……」

悲痛な声で福本さんが呼びかけ、そのまま、また絶句しました。

翌日は大雨でした。

東尋坊の観光客もほとんどいません。私たちは午後四時頃に店を閉めることにして、再び近藤さんのお見舞いに向かいました。

この日も近藤さんはマットに両手両足を縛られていましたが、私たちが入っていったときの反応が、明らかに違いました。

「シゲさん、福本さん……」

哀しそうに私たちを見ます。すぐさま解錠してもらうと、ほっとした顔で起きあがり、見舞いのお礼を口にしました。昨日とは全く様子が違います。

「私たちと別れてから、何があったんですか？」

「それが……よく覚えてないんです」

怒ったように近藤さんはかぶりを振りました。

「ここに入院することを先生から家族に連絡すると言われたんです。それだけは止めてほしいと強くお願いしたんですが、規則だからどうしてもという返事でした。そんなの嫌だ、と逃げ出そうとしたら、いきなり何人もの人が集まって来て、羽交い絞めにされたところまでは覚えています」

それ以降の記憶は、空白なのだそうです。母親や弟が見舞いに来たことも、もちろん昨日私たちが来たことも、全く覚えていないということです。

投薬、というのに思い当たりました。

私は精神科の医療には詳しくないのですが、暴れたり自傷行為を行ったりして危険と判断された患者には、心を安定させる薬を強制的に与えることもあるようです。気持ちは確かに静かになるのですが、あまりに効果の強い薬を与えると、副作用でそんな具合になってしまうのかもしれません。

とにかく、私たちが見舞いに来れば、少なくともその間は縛り付けられずに済むことがわかりました。

「明日からもできるだけ毎日お見舞いに来ます。何かお土産に欲しいものはありますか？　買ってきてもいいし、自宅から送ってもらうのでもいいですよ」

提案すると、近藤さんはちょっと考えて遠慮がちに口にしました。

「……モネの絵があるといいな。モネが大好きで、自宅に気に入ってる画集があるんです。それを差し入れてもらえたら、嬉しいです」

三日ほどして、母親から送られて来た画集を差し入れました。解説がすべて英語で書かれている大判の洋書です。嬉しそうにページをめくる彼を見ながら、「この英語が全部読めるんですか？」と英語の苦手な私が尋ねると、近藤さんは、

「全部はわかりませんよ。少しだけなら」

と照れ笑いを見せてくれました。

その翌日には、お世話になった前田夫妻を連れて見舞いに行きました。

「前田さん……わざわざ来ていただけたんですね。その節はどうもありがとうございました」

近藤さんは前田夫妻に会うなりそうお礼を言って、その様子はあの、母親や弟とともに訪れたときとは全く違いました。差し入れとしてリクエストされていたおろし餅やシュウマイ、チョコレートを渡すと、大喜びで受け取って、おいしいおいしいと全部食べてくれました。食欲もあり、元気になっている様子を見て、私たちも喜びました。

でも本人に確認してみると、治療はどうもそんなに進んでいないようなのです。

「まだ薬を呑むだけの治療が続いていて、自分の身体が雲の上に浮いているようです。自由に動けないし、これでは働けないです。僕はべつに幻覚を見たり幻聴が聞こえたりはしないんですが、ここに入院しているほかのそういう患者さんと、一緒に扱われているような気がします」

ともあれ自分の置かれている立場はきちんと把握しているようで、それは安心材料のように感じられました。

帰りがけ、前田夫妻を連れてきたことについて、担当の看護士さんから注意を受けました。

「ここはプライバシー保護のため、登録している人しか面会はできません。今日は特別に認めましたが、今後は気をつけてください」

登録者だけでなく、相手が拒否しない面会者の場合は、だれとでも面会が許されると思っていました。厳しい管理です。

四日後の十月十五日、弟さんが再び一人で面会に来てくれたため、同席して今後の生活について話し合いました。近藤さんと面会したときの状況は逐一母親に電話で報告していましたから、現状は弟さんもほぼ把握しています。

私からの提案は、近藤さんを行政へ引き渡す前に話し合って保留になっていた、ボランティア施設での住み込みです。今までにもたくさんの人がお世話になった、福井県内のレジャーランドを候補として挙げてみました。弟さんも社員寮のアパートなどを見学し、本人の合意も得て、十月二十日の退院後すぐさま、新天地となるレジャーランドへ向かいました。

母親、弟、妹婿も一緒です。オーナーさんなどに挨拶し、午後六時には家族全員が引き上げていきました。

「やっぱり一緒に帰りましょう。同じ療養するにしても、家族と一緒のほうが何かと安心だし」

最後の最後にもう一度、母親がそんな提案もしましたが、近藤さんの決意は固く、

「僕はここでお世話になりたい」ときっぱり断っていました。

家族らを見送ったあと、私と福本さんは、近藤さんを退院祝いの食事会に誘いました。

十八日間の入院生活を経て、近藤さんは近藤さんなりに思いを巡らすところもあったようです。今までの生活を忘れ、大自然の中で働きながらの新しい人生に、希望を膨らませているようでした。

しかし、十日後の十月三十日。オーナーさんから私に電話がかかってきました。

「近藤さんなんですが、今日までに三日間しかレジャーランドへ働きに来ていないんです。条件も合意しているはずなのに、何か不満があるんでしょうか。それともどこか具合でも悪いのか……。一度アパートへ行って、話を聞いてきてもらえませんか」

心身にストレスを抱えている自殺企図者にとって、「普通の暮らし」はそれだけでストレスです。働きたいと願っているのに、心や身体がいうことをきかない場合も、珍しくありません。とにかく食事会をひらいて、近藤さんの話を聞くことにしました。

理由はどうも、持病の喘息にあったようです。

「雑用が仕事の中心なのですが、お客さんに食事を出す仕事が含まれています。緊張もあるのでしょうが、お客さんの前に出ると、咳が出て止まらないのです。咳をしている人が食事を運ぶのも迷惑がかかるかと思うと、仕事に行きづらくて……。もう少し病気が治まったら仕事に行きますので」

喘息のこともあるでしょうが、私には、まだ近藤さんに働く気力が戻ってきていないようにも見えました。二十年続けてきたやり甲斐のある仕事ができなくなり、人間そう簡単に立ち直れるものではないと思います。

オーナーさんとの約束で、近藤さんが仕事に出られない場合は、食費や部屋代を払うことになりますが、幸い弟さんから今後の生活費としてそれなりの額の現金が近藤さんに渡されています。無理をせずに暫らく休養したほうがいいと提案すると、近藤さんも安堵の色を見せました。

しかし、師走の声を聞く頃になっても、彼の仕事への意欲はなかなか戻ってきません。閉じこもっているのもなんですし、気分転換も兼ねて、彼を私たちの講演会の手伝いに駆り出すことにしました。

十二月二日、三重県いのちの電話主催の公開講演会です。会場で「私の気もち（餅）」と名前をつけたお餅を土産品として販売することにしていましたから、その手伝いをお願いしました。まずは製品作りのため、三日間東尋坊へ手伝いに来てもらいます。

豆餅、海老餅のほか、海藻七草餅、春の七草餅、柚子餅など、自然食材いろいろを混ぜ込んだお餅です。一パック六個入りで五百円。もちろん私たちの店では、菓子製造業や飲食業の許可も取っています。

東尋坊で、このお餅の真空パック詰め作業を手伝ってもらい、そのまま彼をスタッフの一員として、三重県の講演会へ連れて行きました。こうした講演会の話を聞くのも、ましてや講演スタッフとして参加するのも、近藤さんは初めてだったそうです。

講演会が終わり福井へ戻ってきたのは、午後八時頃でした。食事会をしながら近藤さんに感想を尋ねると、感慨深げに自分のことを振り返りはじめました。

「悩みごとというのは、人に話を聞いてもらうだけで半分以上は解決するというのは本当ですね。私は自殺を真剣に考えていましたが、やっぱりそれも一人で悩んでいたからダメだったというのが、大きいと思います。そのつもりはなくてもいつのまにか、自分勝手に『世間体』とか『プライド』とか『男の意地』とかいう世界を作りあげてしまうんです。

だれにも相談しない世界は、だれからも評価されない世界です。そんなところにいたら自分の勢いが止まり、自分をダメにする怪物の餌食になってしまう。自分が勝手に作り上げた『自分を愚弄する世間』から、逃げ回るだけの生活になってしまうんです。あのとき、話を聞いてもらえる相手が一人でもいれば、状況は変わっていたと思います。『死ぬ気になれば何でもできる』という言葉がありますが、それなら死んだつもりになって、自分自身を素裸にすればよかったんです。世間体とかプライドとかは、追い詰められた人間にはなんの助けにもならないのですね。

たとえばプライドを捨ててホームレスになるとか。もし知っている人にでも会ったらと思うと、恥ずかしくてそんなことできないと考えるのが普通なんでしょうけど、その勇気もときには必要だと思います」

自殺企図者の実感がこもった述懐でした。私は頷きながら、

「もし近藤さんが外国に住んでいて、知ってる人にだれも会う心配がないとしたら、ホームレスになれたでしょうか？」

と尋ねてみました。近藤さんは笑いながら、

「外国だったら、喜んでホームレスになれると思います！」

と、少し冗談めかして頷きましたが、そこには大切な本音も含まれている気がしました。

その後、年明けの一月二十八日には神戸、二月五日に奈良市と立て続けに講演に招かれていたので、彼を連れて行きました。ふと思い立って、

「近藤さんも、こんな講演会で実体験者の一人として、話ができるようになると良いなあ。それとも一緒にパトロールをして、人生に疲れている人の相談相手になってくれたらいいのに」

と漏らすと、近藤さんは目を伏せて、静かに頷きました。

「今は気持ちに余裕がありませんけれど……将来そういうお手伝いができたら、いいなと思っています」

またひとつ、近藤さんの胸に未来への小さな希望の灯がともったようで、しみじみと嬉しくなりました。

＊　＊　＊　＊

近藤さんに限らず、自殺を考える人の中には、複数の国家資格を始めさまざまな即戦力的資格を持っている人が珍しくありません。将来を見据え、多くの努力をしてきた人だからこそ、その希望が打ち砕かれたとき途方に暮れてしまうということもあるのです。

定年退職をする人の中にも、高度の技術所持者や資格所持者がいて、もちろんまだまだ働ける体力や知識を兼ね備えています。シルバー人材派遣や「便利屋さん」など、体力や腕力を主としたサービス業はありますが、頭脳や知識を売り物としたサービス業があってもいいのではないかと思います。

現在、各行政機関の窓口には「相談所」がありますが、いずれも専門分野のことしか相談に乗ってもらえず、非常に不便です。そこで、一箇所に各分野の専門家を集めた組織を作り、すべての悩みごとを一手に引き受けることはできないものかと考えてみました。「本格的な」悩みごと相談所です。

「何でも聞いてみよう会」と命名した全国ネットのボランティア組織では、すでに精神科医、司法書士、行政書士、建築士、元教員、元司法警察員、宗教家などが会員として登録し、支援をいただいています。

近藤さんや近藤さんのような思いをした人が、貴重な体験とともに、今度は相談を受ける側として参加してくれる日を、私も夢見ています。

★東尋坊標語

東尋坊の各所に、高さ一・八メートル程の四角柱のポールが立っており、このポールには墨書で自殺を思いとどまってもらうための標語が書かれています。

「命を捨てて何になる　捨てたつもりでやり直せ」
「まてここは　天下の東尋坊　人生の終着駅ではないぞ」
「ちょっと待て　思い直せと母の声」
「粗末にするな　親からもらったその命」
「急いで死ぬな　自分一人の　身ではなし」
「死ぬ気なら　なんでもできる　やり直せ」
「かけて下さい救いの電話　妙信寺」

まあ、美しい景観をより引き立てているとは言えない内容が並んでおりますので、このようなものを速やかに撤収できるよう、私たちも努力を続けている次第です。

平成十六年七月二十八日、水曜日・午後五時五十分

傷つけるのも人、救うのも人…
『それぞれの未来駅へ』

東尋坊周辺にはいくつもの岩が海面から首を出しています。どこの観光地でも似たようなネーミングがあるかと思いますが、「屏風岩」「軍艦岩」「三段岩」「七つ岩」「千畳敷」などと名づけられています。なるほど言われてみれば屏風、軍艦、そのまんまの三段、七つ、しかし千畳もあるかな……などと見ていきますと、そのうち「ローソク岩」に出くわします。

約十五メートルのノッポ岩です。太陽が西に傾いてノッポ岩の頂上にかかる頃、空は赤く燃え、まるでローソクに火がついたかのように見えるからだそうです。火山と日本海の荒波が産んだ、まさに奇観のひとつ、特別天然記念物ともなっています。

パトロール開始から三十分、残念ながら今日のローソクタイムは見逃したようです。

＊　＊　＊

ローソク岩の手前の海岸縁は岩肌が剥き出しになっており、その最先端に少し平らな広場があります。そこに小柄な男性が座り込んでいました。

水平線に大陽が沈んでゆくのを見やりながら、コップ酒をぐいぐいあおっています。三十歳過ぎくらいでしょうか。あまり楽しいお酒という雰囲気ではありませんし、そろそろ帰りのバスを気にしなくてはいけない時刻でしょうに、男性はそうしたことには頓着せず飲んでいる様子です。

水平線ばかり見つめてまたコップを口に運ぶ姿は、どこか寂しげにも映りました。私は手にした相談所のパンフレットを握り直し、ゆっくりと近づいて声をかけました。

「こんにちは！　今日の太陽はきれいですねえ」

返事はありません。それどころか、男性は振り向きもしません。構わず私は続けます。

「あなたは運がいい。こんなふうに水平線に太陽が沈む姿は、地元にいても滅多にお目にかかれないんですよ。いつも水平線近くに雲がたなびいてしまって、太陽が西の空の途中で見えなくなってしまうんです。私も毎日ここを巡回してますが、この前こんな日没を見たのはいつだったかなあ」

私は男性の傍に立ち、太陽が沈んでいく姿を一緒に眺めました。しばらく男性からの返答を待ちましたが、彼は手にコップをぶら下げたまま、身じろぎひとつしません。

海鳴りがときを刻みます。私は男性の足もとを見ました。空になったコップ酒の容器が、二個転がっています。いつからこうして一人で飲んでいたのでしょう。

「これからどうされるんですか？」

沈黙は続きます。

「バスの時間も迫ってますよ。自家用車ですか？　どこから来られました？」

「……新潟から来ました」

粘り勝ちです。「そうですか、新潟から……」とだけ復唱して頷いていると、仕方なさそうに男性は先を続けました。

「私は京都の宮津出身なんですが、日本海の海が好きなんです。昨日は新潟を見て来ました。今日の昼、こちらへ着いたんです」

「いいですね、私も海は好きです。明日はこのまま南へ行かれるのですか？」

「さあ……あてのない旅ですから」

またグイッと酒を飲み、三杯目もほとんど空になってしまいました。コップ酒以外、ほかの手荷物は見あたりません。

「行くあてのない旅とは、なかなか優雅ですね。気ままに自由に行き先を決める旅は、さぞ楽しいでしょうねえ。仕事は何をされてるんですか？」

男性は最後のひと口を飲み干し、空になった容器を足もとに落としました。ガラスのぶつかりあう音がして、男性は転がってきた容器をうなだれて見つめています。

「……無職です。働くところがないんです。僕を雇ってくれるところがないんですよ」

その目に突然、涙が膨れ上がりました。泣き顔を見られまいとするように顔を伏せ、そのせいで涙はたちまち、ぽたぽたと空のカップの上へとこぼれ落ちていきます。

「宮津を出てくるとき、自分の荷物を全部始末してきました……。昨日は新潟へ行きましたが……行きましたが……どうしても、死ねなくて……」

しばらく嗚咽が続きました。お酒のせいもあったのでしょう。顔をくしゃくしゃにして泣きながら、男性は思い出話を始めたのです。

「新潟は、小さい頃父に連れられて行ったところです。帰り道、ここ東尋坊へも連れられて来ました。本当に小さかったけど、あの高い岩は見覚えがあります。ここの風景は変わらないんですね……」

胸に詰まる姿でした。私は彼の背をさすり、なだめながら、「今後どうしたらいいか、もう一度考えてみましょうよ」と言って、ゆっくりと、「心に響くおろしもち」店まで導いていきました。

泣きながら、それでも自分の足で一歩一歩と歩んでいた彼の姿を、今も覚えています。そのときは、まだ若く健康そうなこの青年が、やり直せることを信じて疑いませんでした。

「心に響くおろしもち」店に着くと、さっそく福本さんがおろし餅を差し出します。

「遠慮せずにおかわりしてくださいね」

しゃくりあげながらも、男性はおろし餅を食べ始めました。福本さんに「どうぞ、どうぞ」と勧められるまま、三皿もたいらげてくれたところを見ると、余程お腹がすいていたに違いありません。

まだ酔いのため真っ赤な顔をしてはいましたが、気持ちはだいぶ落ち着いてきたようです。そろそろここへ来た経緯を相談してもらえそうかなと、「どんな事情でここへいらしたのですか?」と尋ねると、彼はしばらく考え込んでいました。昔を思い出しているようです。

「……僕は天涯孤独の身なんです」

そうして彼、宮本さんは、自分の身の上を語りはじめました。

幼い頃、両親が離婚し、宮本さんは父親に引き取られました。しかし父親には経済力がなく、離婚後間もなくの五歳のとき、宮本さんは養護施設に入れられます。それきり父親とは音信不通で、母親もどこにいるか知れず、身内と呼べそうな人は一人もいません。

中学卒業後、宮本さんは施設の紹介で、地元にある大きな建設会社に住み込みで働くことになりました。定時制高校まで行かせてもらい、卒業後はその建設会社に就職。約十二年間、建築部の現場監督などをやって働いていました。

近くの食堂で働いていた女性と、おつきあいも始めました。二歳年上で離婚経験があり、四歳の子どもがいる人でした。頭が良く気性の強い女性で、いつも宮本さんの心の支えになってくれたそうです。彼女とは約二年間、半同棲的な生活を続け、宮本さんは彼女との結婚を考えるようになります。ただ、子どもはよくなついてくれるのですが、どうしても「お父さん」とは呼んでくれないのが、少し気がかりでした。

そのうち宮本さんの熱心さに負けて、彼女も結婚の約束をしてくれました。宮本さんは会社に紹介してもらった中古の二階建て家屋を買い取り、三百万円のローンを組み、彼女と子どもを迎え入れました。でも彼女は、一緒に住んではくれるのですが、どうしても籍を入れてくれません。

理由は宮本さんの酒とタバコにあったようです。彼女はなぜか、極端に酒やタバコを嫌っていたのです。無趣味な宮本さんにとっては、これくらいいいじゃないかという気持ちもあったのでしょう。仕事を理由にしながら隠れて酒やタバコをやっているのがばれて、彼女と気まずくなったりもしました。でも宮本さんは彼女を大事にしたいと思っていましたから、謝っては懸命に彼女の機嫌を取って、なんとか仲直りして過ごしてきました。籍こそ入っていませんでしたが、宮本さんは「家族」を得て、ささやかに安らかに暮らしていたのです。

崩壊は突然訪れました。

「部下に裏切られてしまったんです」

と、宮本さんは吐き捨てます。

「納期がひどく厳しい仕事を任されて、僕が現場監督をすることになったのですが、どう考えても普通にやって間に合う仕事ではなかったんです。納期を守らないと会社にも損害が出ますし、私の評価も落ちます。悩んだ末、僕は部下に手抜き工事を指示しました。やってはいけないこととわかってはいましたが、やってみてバレなかったという話も聞いたことがありますし、黙っていれば絶対にわからないだろうという箇所でした。あとは部下が黙っていてくれればいい。

僕は部下に頭を下げて、なんとか口裏を合わせてほしいと頼みました。『わかりました、男と男の約束です！』と胸を叩いて請け合ったその口で、彼は手抜き工事のことを、すっかり上司に喋ってしまったんです」

その部下はお咎めなし、工事を指示した宮本さんだけが、責任をとって会社をクビになりました。悪いのは自分だと宮本さんもわかってはいます。ただ、信じていた部下に足もとをすくわれたことが、宮本さんを深く傷つけたのでしょう。

土木関係の仕事に自信があった宮本さんは、すぐに次の仕事を探すつもりで、傷心を抱えながらもハローワークへ出向きました。そこで知ったのは、失業率五％を越えるという日本の現実です。とくに建設関係の仕事はこの頃かつてないほどの就職難で、大きな建設会社までが倒産していました。

働く場所がない……。驚きはやがて、焦りに変わります。一緒に住んでいる彼女も、無職のままの彼に苛立ちをつのらせていきました。とりあえずのつもりで警備員をしてみたものの、今までの仕事とのあまりのギャップに続きませんでした。

一方で、自分も子どもを抱えて働いている彼女にとっては、宮本さんの姿はただ甘えているようにしか映らなかったのでしょう。

「何もできないくせに、贅沢言ってるからそうなるのよ！　ホテルの掃除夫にでもなればいいじゃない。その程度ならできるでしょ！」

彼女の言葉を思い出し、宮本さんはまた涙ぐみます。

「声を荒げてそんなふうに言われてしまったら、余計に『そこまで身を落とせるものか』という気持ちになってしまったんです。あのとき、身を落とすとかつまらないことを言っていないで、本当に掃除夫の仕事でもいいから見つけていれば……」

孤独に育った宮本さんが、ようやく手に入れたと思った「家庭」は、すでに安らぎの場ではなくなっていました。することもなく、毎日酒を浴びては彼女といがみあい、子どもにまで暴言を吐くに至って、彼女はついに宮本さんのもとを離れていきました。

「ようやく目が覚めて、何度も彼女に謝りました。僕にとって一番大切な失いたくないものは彼女と子どもだと、土下座して詫びました。でも彼女の心は、もうすっかり僕から離れ、僕を受け入れてくれる隙間などなくなっていたんです」

福本さんがいれてくれたお茶を飲むうちに、宮本さんの酔いも少し醒めてきたようです。外はもう真っ暗でした。宮本さんはトイレに立ち、戻ってくると、判決を待つ被告のようなしおらしい顔でまたテーブルにつきました。ひととおりの話は聞き終えたようです。

「宮本さん、これは私たちの提案なんですが」

と私は切り出し、ボランティアの受け入れ施設について説明しました。いくつかの候補を挙げ、本人が「ここならお世話になってみたい」と納得できる場所を選んでもらうのです。幸い宮本さんにも、ここと思える場所がありました。岐阜の山奥でレストランを経営しているご夫婦のお宅です。レストランで働きながら、一人に一棟ずつ割り当てられるバンガローで生活し、売上を仲間で折半して自活を目指すのです。

先方に電話をかけたときは、夜の八時を回っていました。

「そんな事情のある人だったら、今すぐにでもこちらまで来させてください。まだ電車は動いていています」

そんなありがたい返事をいただいて、さっそく宮本さんを電話に出しました。話はついたようです。私たちはＪＲあわら温泉駅まで宮本さんを送り、切符を買い、当座の生活費として一万円を持たせて、宮本さんを見送りました。

午後十一時頃、宮本さんを無事に預かったとの電話が入りました。

「今後はこの子の里親として面倒をみます。心配しないでください」

岐阜の施設に自殺企図者のお世話をお願いするのは、このときが初めてでした。どんなところかもよくわからないまま、祈るような気持ちで宮本さんを送り出し、いずれちゃんとご挨拶に伺わねばと思案していました。ボランティアを申し出てくださったご夫婦にも、ぜひお会いしてお礼を言いたかったからです。

その機会は、逆に先方にわざわざ東尋坊まで足を運んでいただくという形で実現しました。宮本さんをお願いして半月が過ぎた八月十一日、突然岐阜の施設のご夫婦が、宮本さんを伴って「心に響くおろしもち」店を訪れてくださったのです。午後五時頃のことでした。

「売上金からさっそく、先日借りたお金を返さなくてはならないと、宮本さんが言い出しまして。私たちもシゲさんに一度お会いしたかったものですから」

見るからに穏やかで、誠意と正義感が体中に充たされているような印象のご夫婦でした。五十歳前半、立ち居振る舞いのときさりげなく互いを気遣う様子が、いかにもおしどり夫婦と見えます。

そして宮本さんは、そんなご夫婦を新しい里親とした嬉しさが、身体一杯に溢れていました。思えば両親に甘えることもできないままに育った宮本さんです。可愛がられ、伸び伸びと甘え、すっかり家族の一員になっています。

ようやく宮本さんも、心から安らげる「家庭」を見つけることができたのかもしれない……。半月前からは考えられないほど朗らかな笑顔を見せる宮本さんの姿に、涙ぐみそうになりました。宮本さんがここで得た安らぎを胸に、新しい世界へと一歩を踏み出すことができれば、もう私たちの役目は終わりです。

そのときは、本当にそう思っていました。まさか、その後にあんなことになるとは想像もせずに……。

＊　＊　＊　＊

宮本さんが東尋坊に元気な顔を見せてくれた翌日の八月十二日、午後六時頃。人影の消えたシャッター街状態の商店街で、店先に置かれたベンチに座り込み、一人の男性が泣いていました。身長は百七十五センチメートルくらいで、ずいぶん恰幅がいいなあという印象でした。まさに「大の男が泣いている」ような感じで、ただならぬ雰囲気が漂っています。

声をかけたところ、まだ三十歳過ぎで、前述の宮本さんとほぼ同年代のようです。声をかけてあれこれ尋ねてみたのですが、泣くばかりで話ができる状態ではありません。

「私でも話を聞くぐらいならできますよ」

手を差し出すと、泣きながらも自分の足で立って、引かれるままに「心に響くおろしもち」店までついて来てくれました。

恰幅のいいわりに、差し出されたおろし餅を遠慮がちに一皿だけ口にし終えると、男性はしばらくぼんやりと空になった皿を見ていました。もう一皿どうぞと勧められたおろし餅を前に、じっと身を固くしていましたが、やがてぽつりと「私は不甲斐ない男なんです」と呟きました。

男性、田辺さんは結婚して五年、大阪で奥さんと二人暮らしをしていました。子どもができないことも悩みのひとつで、それで奥さんとの関係もときにぎくしゃくしがちだったようです。

そんな折り田辺さんは、勤めていた会社で大きな失敗をしてしまいました。実は以前も大きな失敗をしたことがあり、これで二度目ということで、上司からひどく叱責されたというのです。

「お前はもう会社には要らない！　辞めてしまえ！」

いたたまれず田辺さんは辞職届を出しました。もちろんすぐに転職先を探したのですが、この不況の世の中です。宮本さん同様、そう簡単に再就職先は見つかりません。いつまでも職に就かない夫に、奥さんも堪忍袋の緒が切れたようで、ついには大喧嘩になりました。

「あんたなんかどこかへ行ってしまえ！」

罵倒されて、田辺さんは家を出ました。離れて暮らす両親に迷惑はかけられないし、もう帰る場所はありません。放浪すること2週間、所持金も底を尽いてしまい、もう自殺するほかないと毎日考えながら、ようやくここまで辿りつきました。

「東尋坊の岩場から多くの人が飛び込み自殺をしていると聞いてやって来ましたが、どうしても飛び込むことができませんでした。私はダメな男です。自殺する勇気さえないのです……」

涙で言葉を詰まらせ、三時間ほどもかけて話を終えると、田辺さんは「いただきます」と冷えきったおろし餅を口に運びました。心配そうに見ていた福本さんが、ちょっと表情を緩めます。

田辺さんが食べ終えるのを待って、私はボランティア施設でお世話になる提案をしてみました。ひと心地ついてきた様子の田辺さんは、しばらく迷っていたようですが、やり直したいという気持ちは強く持っていたようです。いくつかの受け入れ先の話を詳しくするうちに、「ぜひお願いします」と前向きになってきました。

希望はまたも岐阜の施設です。半月そこそこで二人をお願いするのは気がひけましたが、おそるおそる電話をかけると、またも「今すぐどうぞ！」と快諾していただきました。私たちは宮本さん同様、田辺さんをＪＲあわら温泉駅まで連れて行き、岐阜までの運賃を立替えて見送りました。

ただ田辺さんには、宮本さんと違って心配してくれる家族がいます。

自殺企図者の多くは、自分の感情を抱え込むのに精一杯で、家族や友人がどれほど心配しているかまで思い至りません。

「気持ちが落ち着いたら、家族が心配しているから必ず電話をするんだよ」

別れ際に、そんな約束を交わしました。

そして田辺さんもまた、半月後の八月二十三日には、岐阜のボランティア夫婦に連れられて、元気な顔を見せに来てくれました。

「これをお渡ししたくて」

田辺さんが差し出したのは、手書きのポストカードでした。葉書大の紙に「未来への片道切符」とタイトルが書かれ、五色で色塗りがしてあります。裏返すと「現在駅」発で、行き先は「未来駅」と書かれていました。

「もし今後、ここへ自殺しに来た人を見つけたら、僕のこのメッセージをその人にあげてほしいんです」

「現在駅」を出発し、「未来駅」に到着するまで、自ら命を絶つことなく頑張ってほしい……。一度は自殺を考え、その瀬戸際に立った田辺さんだからこそ、そのメッセージは痛切で、力強いものでした。

田辺さんは、まだ家族には居場所を伝えていないようでした。そこまでの自信は回復していなかったのです。でも、間違いなく元気を取り戻している田辺さんの姿を見たら、彼が家族のもとへ帰れる日もそう遠くないだろうと確信できました。

その後、田辺さんのカードは、数日後に大阪からやって来た五十歳代の自殺企図者と思われる女性に手渡されました。その女性は、田辺さんから未来を受け取ったかのように、元気を取り戻すことができました。

田辺さんが訪ねてきてくれた二日後、私たち夫婦と福本さんは、宮本さんと田辺さんが共にお世話になっている岐阜のボランティア施設を見学に伺いました。

施設は岐阜県の関が原にありました。大きな川が流れているふもとに数軒のバンガローが並び、ボランティアのご夫妻は離れた場所にあるレストランを経営していらっしゃるそうです。

バンガロー付近には大きな畑地があり、野菜などの作物が育っていました。お世話をしていただいている人たちは、ここで農作業をして自給自足の生活をしているとのことです。宮本さんと田辺さんもログハウスを一軒ずつあてがわれ、大自然の中でログハウスの新築作業やレストランの給仕をして、ほかの四人程の仲間たちと仲良く生活をしていました。開放的で伸び伸びとして、仕事をする喜びも得られる、とても素晴らしい環境でした。

生き生きと働く二人の様子も見ることができ、私たちは安心して福井に戻ることができました。

ただ、ひとつだけどうしても気がかりなことがありました。田辺さんのご両親や、奥さんのことです。聞けば田辺さんは一人っ子とのことですし、ご両親とは仲違いしている様子でもありません。さんざん悩んだ末、私はついに、田辺さんに無断で彼の実家に電話してみることにしました。

電話を取ったのは、田辺さんのお父さんでした。

「どこからかわからないが、以前に息子から一度、電話がかかって来ました。でも、どこにいるのか尋ねても教えてくれませんでした。元気でいるのだと納得して、警察に家出届けは出していないのですが、最近病気がちな母親が心配をつのらせています。せめて、どこでどんな生活をしているのか教えてもらえないでしょうか」

田辺さんのことを心配する親心が、痛いほどに伝わってきました。確かに田辺さんは、岐阜の施設で伸び伸びと生活しているようです。でも「こんなダメな私に帰る場所はない」と思い込んでいる彼には、実はちゃんと帰る場所があるのではないか。無事を祈り、帰って来てほしいと願っているご両親が現にいるではないか……。

私は岐阜のボランティアのご夫婦と相談した結果、ご両親に田辺さんの居場所を知らせることにしたのです。田辺さんならもう大丈夫！　そう信じることにしました。

連絡をしたその日のうちに、夜十一時頃、彼のご両親と奥さんが揃って岐阜を訪問しました。田辺さんを「出ていけ」と怒鳴りつけた奥さんですが、一時の感情でつい口にしてしまったのを、田辺さんが「いつもそう思っていたんだ」と受け止めてしまっただけのようです。田辺さんに会う前に、「みんなに心配ばかりかけて……」とぶつぶつ言っていたそうですから、口は悪いけれど心底田辺さんのことを心配していたようです。

奥さんは顔を合わせるなり、

「何しているの！　すぐに帰ってきなさい！　みんなどれだけ心配したと思ってるの！」

と一喝しました。まさかと思う家族総出の出迎えに、安堵と家族への思いが溢れ出たのか、田辺さんはその場で泣き崩れたそうです。

田辺さんはその日のうちに、岐阜の施設から家族とともに大阪へ帰って行ったとの連絡を受けました。


電話を受け、よかったよかったと手放しで喜び福本さんに報告したところ、きついお叱りを受けてしまいました。

「シゲさん、もうちょっと宮本さんの気持ちを考えてあげたらどうですか。宮本さんは施設育ちで、そうやって迎えに来てくれる人がだれもいないんですよ。

宮本さんと田辺さんは年の頃も一緒でしょう。同じような境遇だと思っていた人には迎えに来てくれる人がいて、自分にはそんな人はいつまでたっても来ない。宮本さんがどれだけ傷ついたと思います？　田辺さんを迎えに来てもらうにも、タイミングや方法があったんじゃないですか？　シゲさんは鈍感すぎます！」

責められてようやく私も、残された宮本さんの気持ちを推し量ることができました。宮本さんはきっと、胸がつぶれるような思いだったことでしょう。つくづく自分の軽率な行為を反省しました。

そして、その二日後の八月二十七日、午前十時頃。私は六十代男性の自殺企図者と遭遇しました。

この男性が、宮本さんにとって決定的な事態を引き起こすことになるのです……。

＊　＊　＊　＊

真面目な人ほどうつ病になりやすいといいますが、自殺を試みるのはそうした「努力家ゆえにうつ病を患った人」だけではありません。中には、我が儘なことをして周囲にさんざん迷惑をかけた挙げ句に、身勝手な逆恨みやあてつけで、「自殺をする！」と騒ぎたてるだけの人もいます。

この人が……と決めてしまうのもいけないことだとは思いますが、その日遭遇した自殺企図者の男性は、私にとって理解しがたい部分の多い人でした。独身で頼る人もないとはいえ、身体もどこも悪くないようです。口を開けば会社や知人の悪口ばかりですが、その勤め方や人とのつきあい方、ひいては物事の捉え方や考え方に、根本的な問題を抱えているように感じました。

住み込みで働く場所を紹介してくれたら死ぬのを止めるというので、いくつか候補を挙げたところ、宮本さんのいる岐阜の施設がいいと言います。

少々困りながらも岐阜のボランティアご夫婦に相談したのですが、あのようなお二人ですから、「お世話します」と間髪いれずの返事で、私もつい甘えて、この男性をお願いしてしまいました。

二週間ほどして様子を尋ねたところ、男性は全く働く様子がなく、文句ばかり言って、「こんなところで飼い殺しにされているようなやつに、未来はない」というような暴言を吐き、周囲に迷惑をかけてばかりだったようです。そればかりではなく宮本さんに何かあることないこと吹き込んだらしく、親子のようだったボランティア夫婦と宮本さんの関係が、急にぎくしゃくしはじめました。

私は慌てて、京都にいらっしゃる別のボランティアのかたに連絡をとり、男性を転居させました。京都で彼は生活保護を受けることになりましたが、京都のかたから漏れ聞いたところによると、男性はずっと岐阜の夫婦の悪口を言い通しだったそうです。

「岐阜のご夫婦は、私を『死にぞこない』扱いして、ほかの若者と差別した。おまけに私に無理な仕事を言いつけるものだから、頭に来て喧嘩した」

ということでしたが、その言葉には、事情をよくは知らない京都のボランティアのかたも首をかしげるような部分が多々あったそうです。私としては、田辺さんの件でショックを受けているだろう宮本さんに、悪い影響を与えていなければいいけれど……というのが心配のタネだったのですが、残念ながらそれは杞憂に終わってはくれませんでした。

約一ヵ月が経過した頃、岐阜のボランティアのご主人から電話がかかってきました。

「宮本さんがひと月ほど前から急に落ち込んでしまい、最近では自分のバンガローから一歩も出てこなくなってしまいました。覗きに行くといつもお酒を飲んでいて、例の会社の部下や、昔一緒に住んでいたという女性の悪口ばかり言っています。『恨んでいる、殺してやる』という言葉まで出るようになり、なだめたり気分転換を薦めたりしても、聞き入れないどころかこちらを罵倒してくるありさまです。なんとか以前のように、前向きな気持ちを取り戻してもらいたいのですが……」

ご主人の提案は、「宮本さんがつきあっていたという女性に、なんとか連絡をとり、彼を励ましてもらえないか」というものでした。私は頭を抱えました。

「それはできません」

「どうしてですか？　復縁しなくても、ちょっと電話をかけるだけでもいいんですが」

「……実は、もう連絡をとってみたんです。もう声を聞くのもイヤだと、拒絶されてしまいました」

宮本さんの気持ちは、まだ彼女に残っているのです。可愛さ余っての憎さ百倍なのです。でも、相手の女性を捜し当て事情を説明したとたん、返ってきた言葉は「まだ生きていたのですか！」という容赦ないものでした。

「私は再婚しました。子どもも落ち着いて、新しい家族に馴染んでいます。とっくにあの男のことは忘れましたし、思い出したくもない。私の連絡先を教えたりしないでくださいよ。子どもが怯えてしまいますから」

こんな内容では、宮本さんに伝えようがありません。岐阜のご主人も気落ちして、もう少しこちらで頑張ってみますと言って電話を切られました。

次の電話はまた一ヵ月ほどが過ぎた頃でした。

「宮本さんの様子がおかしいんです。ここに来たとき以上です。何か事件を犯して死刑になりたいと言い出して、妻が怯えています。

様子を見に行っても、昔の女や会社の裏切り者を殺して自分も自殺するのだとか、そんなことしか言いません。私はここで放り出してはいけないと思うのですが、食事などを運んで接している妻にはもっとつらく当たっているようで、妻はこれ以上面倒をみるくらいなら離婚すると言い出しています。

精神的に少しおかしくなっているか、アルコール依存などの症状が出ているか、そんな感じがあります。医者に診てもらいたいのですが、本人が頑として拒むので連れて行けません。一度こちらへ応援に来ていただけないでしょうか」

電話を切ってしばらくは、何をどうしていいのかわからず呆然としていました。うまくいっていたと思っていたのに……あんなに固く、やり直すと約束したのに……。田辺さんとの出来事が発端となったのでしょうか。それとも、そのあとにお願いした問題の男性の影響で？

息苦しさを抱えたまま、私と福本さんが岐阜へ向かったのは、十月二十六日のことでした。

久しぶりに見る宮本さんの顔は、表情がなく目だけがギラギラとして、明らかに異様でした。

昼だというのにバンガローのカーテンは閉めきられています。小さな豆電灯をひとつ灯し、昔の彼女の顔写真を手にして、宮本さんは延々と泣きじゃくっていました。ときおり、「殺してやる、殺してやる。捜し出して殺してやる」と呻いています。

「宮本さん、大丈夫ですか?」

声をかけるとちゃんとこちらを見ましたが、出てくる言葉といえば、「あの部下の裏切りが許せない」「彼女を殺してやる」と、そればかりです。

障害が出ている、と言ってよい精神状態のようでした。これ以上岐阜の施設でご厄介になるわけにいかないと判断し、私たちはその足で役場を訪問して、疾病入院の保護手続きをお願いしたのです。

事情を説明すると、願いはすぐに聞き入れてもらえました。「十月二十七日から十一月八日までの間、精神病院へ入院させて治療を受ける保護許可」が出され、宮本さんは入院することになったのです。

しかし、その入院生活もわずか三日しか続きませんでした。再び岐阜のボランティア施設へ戻った宮本さんは、もはや手のつけようがない状態でした。

「今まで以上に毎日酒をあおり、妻や私に暴言を吐くようになりました。仕事も全くやらず、部屋に閉じこもったきりです」

それでも彼を見捨てたくないと岐阜のご主人は頑張ったそうですが……。

十一月十八日の午後五時頃、私たちのところへついに宮本さん本人からの電話がかかってきました。

「福井駅にいます。今から東尋坊へ行っても良いですか。岐阜の親父さんと喧嘩してしまい、もう戻れないのです……。どこでも良いから、住み込みで働かせてくれる場所を紹介していただけませんか」

それでも、彼が岐阜を飛び出したきりどこかへ姿を消したのではなく、私たちを頼って来てくれたというのは、良いことなのかもしれない。そう考えるしかありません。私たちは東尋坊の相談所を早じまいし、福井で宮本さんを出迎えました。

時間が時間ですから、先に宿泊場所を決めることにしました。福井市内のサウナに腰を落ち着け、そこで食事会と称しての作戦会議です。まずは宮本さんの事情を聞かなくてはなりません。

宮本さんは一ヵ月前に会ったときよりさらにやつれていましたが、さすがに岐阜の施設を飛び出しここへ来るまでの間に思うところがあったのか、少ししおらしく肩をすぼめていました。ちゃんと会話もできています。

「どうしても、宮津で仕事をしていたときの出来事が頭から離れないんです。忘れようとしているのに、寝ても覚めてもあの出来事を思い出して、自分でもどうしようもない。気が狂いそうです。考えたのですが、このトラウマをなくすためには、なるべく宮津から遠くはなれた場所のほうがいいと思うのです。そしてなるべく大勢の人が働いていて、一人になってあのことを思い出したりしないようなところで働けたらと。以前伺った神奈川県の建設会社を紹介していただけないでしょうか」

宮本さんは最初の会社に勤める際、「移動式クレーン免許」「車両系建設機械免許」などを収得していました。長く現場監督を務めていましたから、即戦力として働けます。働きたいという意欲があるのはとても結構なことですから、夜も遅くなっていましたが、その場で彼が希望する神奈川県の建設会社に電話して、雇い入れてもらえるかを尋ねました。

「宮本さん、明日からでもＯＫだそうですよ」

電話の向こうの答えをそのまま伝えると、宮本さんは飛び上がって喜びました。

「ありがとうございます！　ああ良かった、本当にお世話になって……シゲさんは僕のお父さんも同然です。だとすると福本さんは僕のお母さん、いや心の恋人ですね」

ぐいぐいあけているお酒のピッチが、ますます上がってきているようです。これだけが心配……と、福本さんと私はそっと顔を見合わせました。

翌日、宮本さんは私と共に電車で神奈川県に向かいました。たまたまその日から三日間、山梨で自殺防止に関するワークショップの研修会が開かれるため、それに参加するついでに彼を途中まで送って行ったのです。

岐阜での前例がありましたから、過度の期待はしないでおこうという気持ちもありました。ですから、一ヵ月後の十二月十四日、静岡県清水警察署から電話が掛かってきたときは、やっぱり……という感じでした。

内容は、宮本さんを自動車窃盗で緊急逮捕したという連絡でした。

「神奈川県内の路上に駐車中の車を盗み、高速の上り線を京都方面に向って西進中に、発見して逮捕しました。名前と『東尋坊のシゲさん』の話はするのですが、今までどこで生活をしていたかは話してくれないのです」

宮本さんは、勤め先の建設会社の名を口にしたら会社に迷惑がかかると思い、お世話

になっている会社のことが言えなかったのです。さっそく神奈川の建設会社に連絡したところ、

「十日程前に無断で会社を飛び出してしまい、帰ってくるのを待っていたところでした」

という話でした。必ず帰ってくると信じてもらえるほどに、宮本さんの働きぶりは真面目だったそうです。とにかく真剣に黙々と働いていたのですが、この頃また昔の部下や昔の彼女のことを言い出すようになり、『どうしてもこのままでは気が収まらない』と周囲に漏らしていたようなのです。きっと、話をつけようとしたものの交通費の工面がつかず、車を盗んで京都へ向ったのでしょう。

「私が身柄引受け人になりますから。大丈夫ですよ」

社長さんの言葉に、ありがたく甘えさせていただきました。それから三ヵ月が過ぎ、宮本さんが執行猶予の処分を受けて拘置所から出所したとの連絡が、建設会社の社長さんから届きました。

「これで懲りてくれたらね……」

私の呟きにも、福本さんは無言です。女の勘というのでなくても、これで終わらないことは予想がつきます。

二週間後の平成十七年三月五日、午後三時頃。私がたまたま交通事故で怪我をして入

院していたとき、福井警察署から電話がありました。

「JR福井駅で、宮本さんが無賃乗車で捕まりました。現在取り調べ中ですが、彼の身柄引受けをお願い致します」

入院中で動けない私に代わって、福本さんが乗車賃の支払いと身柄引受けに出向きました。

「そろそろ限界かなあ……」

私のこの言葉に、再び福本さんは無言です。

私費を投じて、年間約百五十万円の赤字を出しながら続けている活動です。宮本さん一人に割ける予算は、もうとっくにオーバーしていました。

「宮本さん、今回が最後です。今後は自分の力で都会へ行って職探しをして、自分の力で頑張ってください。お金のかからないことだったら、いつでも相談に乗りますから……」

東尋坊の波打ち際で出会ってから、八ヵ月が過ぎた頃の出来事でした。

それきり宮本さんからの連絡はありません。今、どこでどうしているのか……。私たちにはただ、宮本さんがどこかで元気に働いていることを願うしかできないのです。

＊　＊　＊　＊

宮本さんが欲しかったのは、幼い頃ついに手にすることができなかった「家族」なのでしょう。幼子が甘えるように何でも許し支えてくれる家族があれば、そこから立派な社会人として立ち上がり、やがて巣立っていけたに違いないと思います。

あと少し時間があれば……あと少し資金があれば……。

「何とかしてあげたい」どんなに強くそう思っても、私たちは民間のボランティアに過ぎません。これ以上はどうしようもない……ということもあるのです。残念ながらそれが現実です。

今日本には、一億二千万人もの人がいます。そのうちのたった一人でもいいですから、彼を見つけたら、どうぞ悩みを聞いてやってください。笑わず、いさめず、叱らず、励まさず、ただ彼のつらさに頷いてあげてください。

今日も東尋坊を、たくさんの観光客が訪れてくれました。ゆっくりと日は西へ傾き、岩場に遊ぶ家族連れが三々五々引き上げていきます。

まだ駆け込みで東尋坊を訪れる人はいます。ただこの時間帯の観光客は、「近くまで来たついでに、噂の東尋坊の奇岩をちらっと見ていこうか」という、帰途を急ぐ向きが多いのでしょう。さっさと海辺の岩場まで降りてゆき、岩場を少し歩いたかと思うと、すぐに岩場から上がってきて、慌ただしく立ち去っていきます。

海辺から観光客のさんざめきが消え、波の音だけが繰り返しています。観光客相手の商店街は、ぼちぼちと店じまいを始めました。

さて、そろそろパトロールに向かうとしましょうか。

自殺企図者に男性が多い理由

自殺者の発生件数は、ここ八年連続で三万人を突破しています。交通事故による死者の数の、三倍以上です。その自殺者の七割以上を、男性が占めています。

また、ホームレスが日本に二万五千人（平成十五年調査）以上いると発表されています。こちらも八割以上を男性が占めます。

現在の日本で、生と死の境目で生活を送っている人の大半の人は男性なのです。

なぜでしょうか。女性のほうが生物学的に強いから？　子どもを育てなくてはならない責任感が強いから？　確かにそれもあるのかもしれませんが、私は、日本という国の保護政策が行き届いていないと考えています。追い詰められた女性には優しい政策がとられていますが、追い詰められた男性には厳しいのです。

例えば、ＤＶの被害者となった女性には避難場所として「女性相談室」があります。ここは数ヵ月間無償で、毎日の食事や風呂の心配もありません。しかし、男性に対する同様の保護施設（自立支援施設）はないのです。犯罪を犯した人に対しては保護更生施設がありますが、そこへは犯罪を犯した人しか入所できませんし、半年間という期限もあります。

追い詰められた男性は、精神病院に措置入院させられるか、路上に追放されるか、どちらかの選択肢しかないのです。

今までに何人もの男性の「自殺企図者」と遭遇し、しばしば行政に引き取りをお願いしましたが、男性に対する保護施設がないことを理由に拒否されてしまいました。そこで仕方なく、ボランティアをやっている民間の人に保護をお願いしています。

男性自身にも問題があると思います。

「男だったら泣いてはいけない」

「男が弱音を吐いたらみっともない」

「男は稼いで家族を養ってこそ価値がある」

このように、「我慢をすることが当たり前」といった考え方が浸透しているのではないでしょうか。

ある落語家が女性のことをおもしろおかしくこう言っていました。

「女はおだてればつけ上がり、怒れば泣き、殺せばバケて出てくる」

つまり、嬉しいときは舞い上がって喜びを表現し、イヤならイヤと泣き、助けてほしいときは助けてと叫ぶことができる、それが女性なのです。

最近の脳科学の研究では、もともと女性の脳は、そういうコミュニケーション能力が男性より優れていることがわかってきたそうです。自分がしてほしいことをどうやったら相手が用意してくれるかを、工夫したり伝えたりするのが生まれつきうまいのです。それに、「いざとなったら恥も外聞も捨てられる」強さも女性にはあります。

反対に、なかなか恥や外聞を捨てられないのが男性です。つらいときは我慢せずに、もっと泣き、騒ぎ立てて、自分の胸の内を言い、助けを求めましょう。一人静かに責任を背負って、自殺者あるいはホームレスとなるのが男性の王道だなんて……大間違いだと思います。

東尋坊
越前海岸

平成十八年八月四日、金曜日・午後五時〇〇分

幼い子どもを連れて…

『もう私たちに構わないでください』

今年も夏休みが始まりました。東尋坊は、親子連れの観光客で賑わっています。

今年は七月下旬から全国的に大雨が続きました。九州地方では豪雨に見舞われ、熊本県では一日に百二十センチメートルもの降雨のため堤防が決壊し、田畑が流されるひどい災害に見舞われたそうです。

しかし八月に入り遅い梅雨明けを迎えてからは、好天に恵まれる暑い日々が続いています。断崖絶壁へと続く坂道の商店街には、日よけを忘れた親子のための帽子が並び、ソフトクリーム屋さんの前には、イカスミソフトなどという不思議な商品を求めるお客さんが集まって、日々賑わいを見せています。

この夏の出来事を、私は決して忘れることができないでしょう。

皆さんにも、覚えていてほしいのです。

＊　＊　＊

福井市では毎年この時期に、恒例の夏祭りが開催されます。市内の中心街は通行止めとなって屋台が立ち並び、吹奏楽の饗宴や踊り・花火大会などが催されます。毎年約五十万人が集まる祭典です。

今年は八月五日～七日の土・日・月に開催される運びとなりました。初日には「ヨサコイ・イッチョライ踊り」の審査会があり、北は北海道から九州までのヨサコイ舞踊団が招待されています。その前日、いわば祭りの前夜祭にあたる四日には、県外から招待された舞踊団が、福井県内の観光地でのお披露目に回ってくれます。

この日は東尋坊でも、観光客を相手に三団体によるお披露目がありました。そのため、いつもより一時間遅い午後五時頃になって各店の店じまいが始まりました。店員さんたちが三々五々シャッターを閉め、「お疲れ様でした」と声を掛け合って自家用車などで帰途に就いていきます。

「すみません、旦那さんいらっしゃいますか」

見たことのある顔の女性が、ひょいと「心に響くおろしもち」店を覗きました。

「お店にちょっと変なお客さんがいるんです。子連れで、なんというか……とにかく来ていただけませんか」

不安げに口ごもります。さっそく私と福本さんが出向くことになりました。

女性は、近くの飲食店の店員さんだったようです。着いたお店は、店じまいの真っ最中でした。

店内に入ると、五十人ほどが飲食できる大きな座敷があります。座敷の隅のほうの電気は、すでに数箇所消されて薄暗くなっていました。ほかにだれもいない座敷の隅に、ぽつんと親子連れが座っています。

しんとした座敷に、子どもの泣き声が響いていました。

「かっかぁ（おかあさん）、はやくかえろうよ。おうちかえろう」

女性はほっそりとした身体に、抱っこひもをつけていました。胸に抱えられた小さな赤ん坊は、まだ生後間もないようです。右隣に座った三歳くらいの女の子が、ずっと泣きじゃくっています。少し天然パーマのかかった、子どもらしい細くて薄い髪が、しゃくり上げるたびふわふわと揺れています。

前へ回りこむと、三十代半ばほどの女性でした。卵型の顔に鼻筋の通った美人で、泣いている子もお母さんに似て可愛らしい子でした。子どもの前に置かれたアイスコーヒーは、飲み切れずに汗をかいて、テーブルを濡らしていました。ずいぶん長いこと、ここに座っていたようです。

女性は子どもを振り向きもせず、ビールを飲み続けています。私たちは、親子連れとテーブルを挟んで向き合う位置に座りました。

「もう閉店時間ですよ。ここだけでなくほかの店も、これくらいの時間には閉まってしまうんです」

女性はほとんど表情を変えずに、私たちを見ました。

「もうバスもなくなりますが、この後どうされますか?」

女性の表情は変わりません。はっきりとした口調で答えました。

「お店、終わりですか。じゃあ海を見に行きます。東尋坊の景色を見に来たので」

「おうちかえりたいよ。かえろうよ」

隣で子どもが母親の袖を引きましたが、それには目もくれず、女性はビールをぐいーっと飲み干しました。アルコールで頬は赤らんでいましたが、受け答えはしっかりしています。それでも明らかに、尋常な様子ではありません。

「まだ飲み足りないのでしたら、私どもの店へいらっしゃいませんか。そこなら夜遅くまでやっていますよ」

「海を見て帰ります」

どこか私たちの話など聞いていないような、上の空の風情がありました。

「じゃあ私が、その手荷物をお預かりしましょうか。お子さん連れじゃあ大変でしょう。こちらの女性が海辺まで案内しますよ。足もとが危ないですからね」

福本さんが心得た様子で頷きます。

店員さんに勘定をお願いして店を出ると、私は大急ぎで、女性から預かったふたつの手提げ袋を「心に響くおろくもち」店まで運びました。すぐさま女性と福本さんを追って、岩場へ向かいます。すでにシャッター街となった商店街を抜けてゆく観光客は、二、三組しかいません。坂道を急ぎ足で下ってゆくと、あの泣き声が再び聞こえはじめました。

「かっかぁ、つかれたよ！　かえろうよ！」

泣き続ける女の子と手をつないでいるのは、福本さんでした。母親のほうは、泣き声を無視するかのようにどんどん坂を下っていきます。ようやく追いついた私は、そのすぐ後ろをついて歩きながら、どうやってこの行動を止めたものかと考えあぐねていました。

商店街を抜けて岩場に着くと、母親は周囲を見渡し、何も言わずに岩場を下りようとしました。

「待ってください、どちらへ行かれるんですか」

「足を海水につけたいので、下まで降ります」

「ここのあたりでは、海に足をつけられる場所がないんですよ。今日は海を見るだけにしませんか」

福本さんの提案に、母親は不満げな顔をしましたが、渋々岩場から戻ってきてくれました。が、そのまま商店街のほうへ戻るのではなく、散策を始めたのです。

すぐそこは、海面まで約二十五メートルある高台の岩場です。周囲は鬱蒼とした低い松林。泣き続ける子どもを連れて、延々と、黙々と、母親は歩いていきます。遠く海の上には浮き島と呼ばれている雄島が見え、赤い橋がかかり、傾いた大陽にうす赤く照らされて輝いていますが、母親はそんな景色を振り向きもしません。夕方五時とはいえ、夏のこの時間ではまだ炎天下です。気になってそっと抱っこひもを覗くと、小さな赤ちゃんの顔は日焼けのためか赤くなり、ぐったりと目をつむっていました。

「赤ちゃん、暑そうですよ。脱水症状になってしまうといけないから、日除けをしてあげませんか」

そんなふうに言っても、母親は聞く耳を持たない様子でした。

「大丈夫です。さきほどちゃんとミルクを飲ませましたから」

「重くて大変でしょう、赤ちゃんもあなたも。よろしければ、赤ちゃんを預かって涼しいところで待っていましょうか。そうすればゆっくり見て回れますし。私が抱っこしますよ」

差し出した手から逃げるように、母親は身をよじりました。

「ダメです！」

その強い拒絶に、私は一瞬圧倒されかけました。が、入れ替わりのように、女の子の手を引いた福本さんが穏やかに後を引き継いでくれました。

「いったんお店へ戻りましょうよ。お子さんも疲れてるようですから」

「私が自殺でもしに来たと思っているんでしょ！　私は旅が好きなのでここに来ただけです！」

「じゃあ、お子さんをお預かりしましょうか？」

「私たちに構わないでください！　先に行って待っていてください。私はもう少し岩場を見学してから帰りますから！」

こうして話している間も泣き続けていた女の子は、福本さんの手をぎゅーっと握りしめていたのだそうです。だれかお母さんを止めて、だれかお願い……という思いだったのではないでしょうか。三歳の子どもでは、大人を止める力はありません。私たちに救いを求めていたのだと思います。

「……じゃあ帰ります」

「心に響くおろしもち」店から一キロほど離れた、芝生の生えている広場まで来たあたりで、ようやく母親は根負けしてくれました。しかし引き返すにも、お店までは距離があります。

「やっぱり、もう一度海を見に行きます！」

幾度もそう言い出してはきびすを返し、福本さんに阻まれてはその場で押し問答になりました。引きずってでも連れ帰りたいところですが、赤ちゃんを抱っこしている女性を乱暴に扱うわけにもいかず、説得してはなだめ、まあまあとあやすような調子で、どうにかお店まで連れて行きました。

店へ着いたのは午後五時半頃だったでしょうか。冷たいお茶を出すと、女の子は飛びつくようにそれを受け取り、たちまち飲み干してしまいました。よほど喉が乾いていたのでしょう。

「おかわりする？」

福本さんが尋ねるとこっくりと頷き、二杯目もたちまち飲み干しました。少しはひと心地ついたようで、お母さんの隣の椅子に座り、足をぶらぶらさせて、不安そうに母親の顔を見上げています。

差し出したおろし餅を、女性は無視するように断りました。

「私の荷物はどこですか」

「お預かりした荷物はこちらです。お渡しする前に、ここにいらした事情をお聞かせ願えませんか?」

もう彼女が自殺企図者であるという確信は、揺るぎないものになっていました。

「昨日、金沢のビジネスホテルに泊まって兼六公園を見て周り、お昼頃に東尋坊に着きました。今から福井に行ってホテルに泊まり、明日永平寺を見て回って帰ります。何か誤解されているようですけど、自殺しに来たわけじゃありません」

「こんな小さなお子さんを連れてですか?」

「子どもを置いてくるわけにもいかないでしょう。私は旅が好きなだけです」

「炎天下にこんな小さな赤ちゃんを、日除けもせずに連れ歩くなんて、無茶でしょう。ご家族はいらっしゃらないのですか?」

「……いますけど」

「ここに来ていることを、ご家族はご存知なのですか?」

「ええ、もちろんです。チェックインの時間がありますから、早く荷物を返してくださ い」

女性の態度は、いつまでも頑なままです。そばでは女の子が、またべそをかき始めています。

「荷物をお返ししますから、ご自宅の電話番号を教えてください」

「なんで教えなくちゃいけないんですか！　旅行に来ただけだって言ってるでしょう！」

「かっかあー！　おうちかえりたいよう！」

その泣き声にすら振り向きもしない母親に、私は一喝しました。

「もし、こんなかわいいお子さんまで自殺の道連れにするつもりだとしたら、絶対許しませんよ！」

それまで饒舌に言い返していた母親が、急に黙り込みました。

沈黙が続きました。電話番号を教えるというのは、自殺をあきらめて家族に引き渡されるということです。それは女性の最後の抵抗でした。

「……わかりました」

ようやく口にした番号に、私たちはすぐさま電話を入れました。電話を取ってくれたのは彼女の母親で、東尋坊で保護した旨を伝えると、やっぱり！　と大慌ての声が返ってきます。

「昨日の夕方、急に姿を消したので、心当たりをさんざん捜したのですが見つかりませんでした。今、警察に届けを出しに行くところだったんです。産後の状態が悪く、ずっと何か思い悩んでいたようでしたから、自殺を考えて東尋坊へ行ったのだと思います。

すぐ迎えに行きます！」

やはり無理心中が目的だったのでしょう。私たちは所轄の警察に保護をお願いすることに決め、本人にもそのことを伝えました。

「ご家族が心配していましたよ。今から迎えに来てくれるそうですから、自宅へ帰ってゆっくり休んでください」

これでなんとかことは収まると、私たちは考えていました。しかし女性は、跳ねるように立ち上がり、大声で叫んだのです。

「どうしてそんな勝手なことをするんですか！　預けた荷物を返してください！」

「落ち着いてください、何があったのか存じませんが、ご家族のかたとよく話し合われてから……」

「そんなの私の勝手でしょう！」

なだめようとした福本さんと揉み合いになり、はずみで椅子がひとつ倒れました。広くない店内に女性の罵声が響きわたっています。巻き添えになりそうな女の子を、私は慌てて隅に引っ張りましたが、女の子は不思議と落ち着いていました。泣きべそ顔になってはいましたが、騒ぎだすほどではありません。

「おばあちゃんが迎えに来てくれるって。待っててね」

その意味がちゃんとわかって頷き、涙をこらえるように顔をこわばらせて、ずっと立っていました。やがて母親が椅子に座って泣き崩れると、心配そうにその姿を見ています。

「もうすぐだからね……これでも食べて待っておいで」

アイスクリームを一本手渡すと、ようやく表情が緩み、嬉しそうにアイスを食べ始めました。うなだれている母親を気にしながら、アイスを食べきります。福本さんに汚れた手と口を拭いてもらう頃には、すっかり私たちに心を許してくれたようで、「おんちゃん」「おばちゃん」と話しかけてくれるようになりました。そして私を赤ちゃんのところまで引っ張って行くと、自慢げに指さして言うのです。

「おんちゃん、みてみて！　このあかちゃん、かわいいでしょ。わたしのあかちゃんだよ！　サンダーバードにのって、おうちにかえるからね。かっかぁと、あかちゃんと、みんないっしょに！」

まだ三歳でしたけれど、三歳なりに母親のことを理解し、自分の身に危険が迫っていることに気づいていたのでしょう。ようやく母親と自分の危険が去ったと察した、安堵の笑顔だったに違いありません。

午後六時五分、所轄警察署の刑事さん二人が、車で迎えに来てくれました。女の子は臆せず自分から車に乗り込むと、見送る私と福本さんに、窓から手を振りました。

「おんちゃん！　おばちゃん！　おうちかえるからね！　バイバイ！」

私たちも手を振り、その愛くるしい笑顔を見送りました。

親子三人の、ビルからの飛び降り自殺の知らせを受けたのは、その翌日のことです。私たちと別れてほんの十時間後の、午前四時頃、家族が寝ている間の出来事だったそうです。

＊　＊　＊　＊

おんちゃん、みてみて！　このあかちゃん、かわいいでしょ。わたしのあかちゃんだよ！

思い出すたび心の中で、どうしようもない思いが渦巻き、息が苦しくなります。私たちの手で家族に引き渡していれば、それとも保健所で診察や心のケアをしてもらってから引き渡していれば……。

しかし、あのときの母親の様子から、強固な意志を覆すのは並大抵のことではなかったろうと想像はつきます。それでも何か方法はなかったのかと……。

この三人で九十人の自殺企図者と遭遇したことになりますが、自殺したとの報告を受けたのは初めてでした。福本さんは、この知らせを受けて、しばらく無言で泣き続けていました。

活動を続けていけば、いつかはこうした出来事に出会うかもしれないと覚悟はしていました。しかし、これはあまりにむごい。

「嫌な話を聞かされた」と思うかもしれません。でもこれは、だれの身にも、あなたの周囲でも、起こりうることです。

「死にたい人は死なせておけばいい。嫌な気持ちになりたくないから、私の見ていないところで勝手に死んでください」

そんな言葉をあなたは、あの幼子二人の前でも言えるでしょうか?

見て見ぬふりをしないでください。あなたのその気持ち、その一歩が、必ずや一人の命を救い、多くの人の心を救うのです。

第二章

一緒に歩いてあげて！

ここに、一緒に活動をしている福本さんが、ある講演会で話した内容をご紹介します。彼女がこの活動に携わることになった理由……彼女にもまた、自殺にまつわる深い思いがあったのです。

＊　＊　＊　＊

東尋坊で自殺防止活動をしていると話すと、大抵「なぜ？」と尋ねられます。その理由を、ずっと人には言えずにいました。いつも曖昧に言葉を濁してきました。

私の両親は自殺したのです。私は、その遺族です。

私には子どもがいます。嫁いで行った娘が一人、その下に娘と息子の計三人です。この三人が世間の人から偏見視されるのではないか、子どもたちに迷惑がかかるのではないか。その思いから、このことはだれにも話さず、墓場まで持っていくつもりでした。

しかし平成十六年の一月初旬、茂代表から「東尋坊で自殺防止活動をしてみないか」とお誘いを受けたとき、何か因縁めいたものを感じました。父母が命を賭けて訴えたかったことがある、それをもう皆さんの前でお話するときが来ているのではないかと。

「もういいよ、口を開きなさい。経験した真実をお話ししなさい」

父母にそう言われたように感じました。

私は九州の片田舎で生まれました。

父は、日常的に母に暴力を振るう、短気で頑固な人間でした。そんな父親のせいで、母はいつも泣いてばかりいました。

父には先妻との間に子どもが二人おり、私の母は後妻でした。先妻の子ども二人は、同じ敷地内に建てられている祖父母の家で共に生活をしていたのです。

私の母親の立場は非常に複雑でした。当時の田舎社会は男性社会で、父親には絶対服従だったのです。姑が威張り、父親が威張っている家庭でした。母は舅と姑の機嫌を取りながら、毎日小さくなって日々を送っていました。

私の立場も複雑でした。母親の味方をしながら、父親と祖父母の機嫌も取らなければなりません。

子ども心に、なぜ母親はここまで遠慮ばかりしていなくてはならないのかと、不思議であり不満でたまりませんでした。そして、そんなにも遠慮して何も言えずにいる母に暴力を振るう父には、ただ憎しみの感情だけをつのらせていったのです。

今でもはっきりと覚えています、私が中学二年生のとき、私は父と口論の末、泣きながら叫びました。

「お父さんなんか死んでしまえ！」

翌朝、父の姿がありませんでした。私は何か虫の知らせを感じて父を捜し回りました。家の周囲や近所・親戚の家、自分の家の畑や田んぼまでを捜し、家に戻ったところでもう一度、家の周囲を見ました。裏の納屋のほうへ辿り着いたとき、そこに信じられない姿の父を見つけました。

納屋に立てかけてあったリヤカーの持ち手部分に帯を掛け、父は首を吊っていました。私が第一発見者になってしまったのです。


その頃、私が生まれ育った小さな町にも、土地の区画整理の話があったようです。父はいつも虚勢を張っていましたが、実は気が小さく、この頃土地問題で悩んでいたらしいのです。いつも「ご先祖さまに申し訳ない、もう死にたい……」などと言って、母に愚痴をこぼし、挙げ句に鬱憤晴らしのためにお酒をあおっては、母にあたっていたようなのです。

何が父を死に追いやったのか、本当のところはわかりません。ただ、死ぬ直前に私と口論したことは事実です。大嫌いな父ですが、この口論が死への引き金になったのではという責任は感じてしまいます。

父が死んだとき、母に、

「もうお父さんから殴られなくなるね。つらい目にあわせる人がいなくなって、よかったね」

と言ったことを覚えています。それはもう、心からの気持ちでした。母も同じようにほっとしていると思っていました。しかしその後、母は毎日ひっきりなしに仏壇の前に座り込み、「父さんごめんね!」「なぜ死んだの!」と泣き伏すようになりました。

学校から帰ると、いつも母から愚痴を聞かされました。私はだんだんその愚痴を聞くのが嫌になり、家に戻らず、夜暗くなるまで遊び回るようになりました。今思えば、母が話を聞いてもらえる相手は、私だけだったのでしょう。でも当時の私は中学生です。母の気持ちを察してあげることができず、次第に私は母がうとましくなっていきました。

父の死後、九ヵ月が過ぎた頃、母が自殺しました。農薬による服毒自殺でした。小さな町ですから、噂はすぐに広まります。私は中学校を卒業すると同時に故郷を出て、大阪の親戚宅でお世話を受けることになったのです。

ずっと両親を怨んでいました。

なぜ、父さんや母さんは子どもを置いて死ねたの？　残された私たちはどうやって生きて行けば良いの？　いっそ産んでほしくなかった！

残された子どもたちは、それからの長い人生を、ずっと「自殺者の遺族」として過ごさなくてはならないんです。

今でも、きょうだいが集まっても両親の思い出話はできません。両親が自殺したことで、私たちの過去の思い出はすべて消されてしまったのです。

私には自殺した両親の血が流れています。困難にぶっかったとき、私も自殺するかもしれないという恐怖心が、常につきまといます。今でもそうです。

東尋坊でこの活動を始めて三年目に入りました。今日までに九十人近くの人と遭遇してきました。遭遇する人たちから私は常に人生を勉強させられています。

行政は、自殺企図者を保護しますが、何のフォローもせずにすぐ家族に引き渡しています。人生に疲れている人を家族に引き渡すだけで、もとの元気が取り戻せるのでしょうか？

それは違うと思います。

遭遇した人の中には、身内には絶対に引き渡してほしくないと言う人もたくさんいます。じっくりと話を聞いて問題点を見つけ出し、その問題点を解決してあげないと、また同じことが繰り返されるのです。

腕を引いて止めるだけでは意味がないのです。家族に引き渡すだけでは、元の檻の中に入れるのと同じこと。一番大切なのは、自殺を思いとどまらせたあとの心のケアと、生活基盤の改善です。

死を見つめて悩んでいる人たちは、自分の言葉では物事を上手に伝えることができなくなっています。重荷に潰され、一人で立つことも歩くこともできなくなっているのです。立ち上がるのに手を貸し、一緒に歩いてあげるセコンド役がどうしても必要になります。

それが私たちの主な活動です。

もし皆さんの周りに悩んでいる人がいたら、その人の「目線」に合わせて話を聞いてあげてください。その人の話を、ただ聞いてあげるだけで良いのです。お説教などは必要ありません。

私の両親も、気安く相談できる友だちが一人いたら、あんな死に方はしなかったと思っています。

一昨年暮れに、私の長女のところに子どもが生まれました。私にも孫が授かったのです。

長女は出産のとき、実家である私の家に何日も泊まりに来ていました。娘の姿を見ていて、自分が子どもを産んだときのことを思い出しました。私は親がいなかったため、子どもを産んでも親元へは帰れなかったのです。

両親に孫を抱いて欲しかった。甘えて面倒を見てほしかった。両親の自殺から三十七年が過ぎた今でも、なぜそんな当たり前のことを自分はしてもらえなかったのかと、考えるたび叫びたくなります。こんな年になっても、親に甘える小さな子どもの姿を見ると胸が痛むのです。一生消えることのない気持ちです。

親にもらえなかった分まで、自分の子どもには愛情を注いでいこうという自負はあります。どんな親の役目が出てきても決して逃げない、徹底して話し合う、どうにかして解決してゆく。「朝になれば、笑顔が戻る」そんな生活を大切にして、日々を送っています。

自殺する人も、その遺族も、特別な人なんかではなく、皆さんのすぐ隣にいます。平凡につつましく暮らしている人ばかりです。

それを知ってほしくて、初めて、この話をしました。

（神戸・奈良いのちの電話・講演会にて）

福本さんを活動に誘ったとき、私はまだ彼女の生い立ちを知りませんでした。この講演会で初めて知ることになったのです。

「一緒に活動をしようと声をかけられたとき、これが自分の使命だと感じていた」と彼女は明かしました。つらい思いを体験した彼女だからこそ、伝えられる思いがあります。今、彼女の思いは活動の大きな支えとなっています。

心に響く
東尋坊名物
おろしもち
NPO法人・サポートセンター
つきたておろし餅 一皿
ビール
日本酒
洗練されたクリアな味、辛口。
アサヒスーパードライ
樽生

東尋坊で、さまざまな事情を抱えた、多くの人と出会いました。
「生きてほしい、とにかく生きてほしい」
そう願う私からも、死を思う人たちへ、メッセージを送りたいと思います。

死を思う人へ

東尋坊をパトロールしていますと、観光客が岩場でワイワイと騒ぎ元気に飛びまわっている姿を見かけます。また一方で、一人静かに死を見つめて黙々と歩いている人とも出会います。こんなに小さな世界でありながらまったく異なるふたつの世界が同時に存在しているのを見ていますと、なぜこんなに大きな差があるのだろうと思います。その違いは「心の在り方」だけ、によるものではないでしょうか。

死を考えている人の大半は、他人の言葉や態度に惑わされ過ぎています。自分に自信がないため他人の言葉に振り回されているのです。自分が創りあげた自分の心に自縛されているのです。だれにも相談せず、一人の世界に入ってしまい、自分で作り上げた「プライド」や「世間体」「意地」などの怪物の餌食になっているのです。

自分自身を追い詰めて一人苦しみ、死の世界に逃げ出すことだけを考えているのが、その人の姿です。こんな思いからは一日も早く脱出しなければならないのです。

自分の不甲斐なさ、家族・部下・友だちなどの無頓着な態度、生活苦、病気、他人との比較などすべて、心の持ち方で貧しくもなり豊かにもなれるのです。心のマイナス部分をすべて捨て、原点に立ち戻り、もう一度人生をやり直してほしい、そう思います。

幸せとは

「幸せ」とは何でしょうか？

「あなたにとって、一番楽しかったことはなんですか？」

「あなたにとって一番楽しいときとはどんなときだったでしょうか……？」

と、出会った人たちに尋ねます。すると皆さんから、

「友だちや家族など、周囲の人たちと昔あった苦しかったことや楽しかったことなどを思い出してお茶を飲み、お酒を酌み交わして語り合っているときです。そのときが一番楽しく、生き甲斐を感じました」

という返事が返ってきました。

ふる里の山河の優しさを感じたとき、大自然界の思わぬ出来事に出会ったとき、目標

に向ってひたすら歩んだとき、友と一緒に汗を流して頑張ったとき、欲しいと思った願いごとが自分の手に入ったとき、何かに夢中になって挑戦していたとき、恋をしたとき、他人の愛に触れたとき、人の親切に触れたとき、自分を待っている人と出会ったとき……。

幸せとは「一生懸命生き、感動に出会ったとき」ではないでしょうか。日常にあるこの「感動」こそが生きている証拠であり、人生最高の価値だと思います。それはほんの些細な出来事かもしれません。しかし、生きていくということは、この素晴らしい思い出をひとつでも多く作ることだと私は思っています。

感動は、生きている人間に平等に与えられるのです。小さい感動も大きな感動も、すべての人が平等に感じることができるのです。

「幸せ」とは、どこにでもあり、皆さんの手の届くところにもあります。そして、今のあなたの目の前にもあるのです。ただ、そのことに気付いていないだけなのです。

この「幸せ」をみずからの手で掴み取り、感じ取っていってほしい。これを生き甲斐にして、ゆっくりとゆっくりと歩んで行ってほしいのです。

今日まで一生懸命に生きてきたいろんな出来事を思い出し、友人らと語り合っている時間……。こんな幸せなときを過ごしていると、いつのまにか苦労が消え去り、「よーし！　明日からまた頑張るぞ！」と元気が出てくるのです。

自殺はなぜいけないのか

あなたが誕生したとき、あなたの親や家族はどれだけ喜んでくれたでしょうか。あなたの親は、一人前の人間になってほしくて、どんな苦難が押し寄せて来ても耐えられるような強い人間になってほしくて、毎日一生懸命にあなたを育ててくれたことでしょう。周りの人たちから愛情を一杯受けて育てられてきたのですよ。ここで挫折したら、そういったあなたを大事に思う人々の思いを裏切ることになるのです。あなたの一時的な感情で、あなたの我儘な考えで、あなたのちょっとしたつまずきで、周囲の人たちとの人間関係を断ち切ることになるのです。

自分の感情だけで死を選択するなんて……その行為は絶対に許されません。もう一度原点に戻って考えてみてほしいのです。

あなたが生き続けているだけで、周囲の人は幸せです。ただそこにいるだけで周囲の人の心に火をともすことができるのです。生き続けるだけで、自分の人生の責任を果していることになるのです。この責任を理解せずに死を選択させることはできません。

今日まで育ててくれた人や、残された人のことを考えてください。せっかくこの世に生まれてきたのですよ。いつか家族で昔話をするため、大事な人たちと、笑いながらテーブルを囲むため……些細だけれど、人生にとってとても大きな「幸せ」を実現するために皆頑張っているのです。

もしこの世の中があなたにとってふさわしくない世の中だというのなら、あなたはまず生まれてこなかったはずですし、今日まで生き永らえることはできなかったはずです。あなたが今生きているということは、あなたがこの世に必要だ、ということなのです。「楽は苦の種、苦は楽の種」と言います。苦しみが多ければ、次には大きな楽しみや喜びが必ずやってきます。

人生は何度もやり直しが効きます。ダメで元々。もう一度チャレンジしていこうではありませんか!

逃げたらアカンよ!

第三章

東尋坊で出会った人々

平成17年からの遭遇事例

1月7日（金）　大阪府　21歳位　女性

午後4時頃、相談所前を左手首に白いタオルを巻いて呆然と歩行しているところを発見。声掛けをして事情を聞いたところ、厭世理由で左手首をカッターナイフでリストカットしたあと、岩場へ行ったという。自殺企図者であったことが判明。

午後5時頃、健康福祉センターに引継ぐ。

1月9日（日）　大阪府　25歳位　男性

午後3時頃、東尋坊までやって来て岩場をさ迷った後、当店を訪問。事情を聞いた結果「仕事上の失敗で会社の上司に叱られ退職した。今後生きていく望みもなくしたので自殺を考えて東尋坊にやって来たが飛び込めなかった」とのこと。現在うつ病で治療中であると判明。

午後5時頃、説得により納得してバスで帰省。

1月18日（火）　福井県　21歳位　女性

午後3時頃、相談所前を呆然と歩行しているのを発見。声掛けをして事情を聞いたところ「寮生活をしており、いつも仲間にいじめられている。今後1人で生きていく自信がない。自殺したい」との自殺企図者であった。

午後5時頃家族に連絡しバスで帰省。

3月19日（土）　大阪府　36歳　男性

午前11時頃、相談所に掲示してある資料を見ているのを発見。事情を聞いたところ「父親が一昨年、練炭自殺をした。現在フリーターであり、もう生きていく望みをなくした」との自殺企図者であった。

午後6時頃まで説得し帰省。

3月21日（月）　　**愛知県　46歳　女性**

午後4時頃、相談所を訪問したため、事情を聞く。「主人が昨年事故で死亡。その後、頼りにしていた人に冷たく突き放されたためもう生きていく望みをなくし、岩場をさ迷ったが死ねなかった」との自殺企図者であった。

午後7時頃まで電話で上司に援護を要請し、電車で帰省。

4月23日（土）　　**岡山県　52歳　男性**

午後6時30分頃、水際を徘徊しているところに遭遇し事情を聞いたところ「機械設計の職に就いていたがＩＴの普及によりリストラされ、これが原因で3年前に離婚。自営業を開始したが失敗し、多重債務者となって生活困窮に陥ったため自殺をしに来た」との自殺企図者であった。

福井市内の個人ボランティア企業で、住込みで稼動開始し、人生再出発に邁進中。

5月5日（木）　　**埼玉県　32歳　男性**

午後3時頃、相談所で飲食中「糖尿病を患い目がぼんやりとしか見えなくなり、3年以内に全身不随になると宣告された。動けるうちにと思い東尋坊を訪問した」との自殺企図者であった。（三重・いのちの電話相談員も対応）

午後7時頃まで説得し、自立を約束して単車で帰省。

5月8日（日）　　**鳥取県　24歳　女性**

午後6時頃、相談所で飲食中に涙し「家族は兵庫県で居住しているが、父親が酒乱で暴力を振るうため家族全員が脅えている。私は会社を退職し無職となったが、家庭崩壊の状態であるため相談する人もいなかった。今後生きる望みを失った」との自殺企図者であった。

当ボランティア会員宅で一泊し、再会を約束して電車で帰省。

6月7日（火）　**長崎県　34歳　女性、27歳　男性（夫婦）**

午後2時頃、相談室に掲示してある資料を見ている生気のない夫婦を発見したため事情を聞く。「4年前に結婚したが妻は子どもに恵まれない体であると宣告された。夫は漁業関係の仕事をしていたが、一度はギャンブルに走って借金が増え、親が返済したが、再び借金が300万円と膨れ上がった。住宅のローンも1500万円あり両家の親からも見離されたため将来に希望が持てず自殺をしに来た」との自殺企図者であった。

家族に連絡、家族から「今回を最後に支援する」との返事が得られたため午後11時頃長崎県に向かって帰宅。

6月8日（水）　**大阪府　31歳　女性**

午前9時頃、救いの電話2番ボックス付近で1人佇んでいるところを声掛けした。「昨年1月父親が自殺し、本年5月に母親が癌で死亡、4年間結婚生活を続け、子どもに恵まれたが性格の不一致で昨年から別居生活。生きる望みをなくしたため、東尋坊での自殺を決意した」との自殺企図者であった。

午後7時頃説得により帰宅。追跡した結果、夫と仲直りし元の生活に戻った。

6月20日（月）　**福井県　15歳　女性**

午後6時30分頃、タワー付近を岩場に向かって歩いて行く中学生を発見。相談所で事情を聞いたところ「受験勉強に疲れた、父親は厳格な人で相談もできない、学校内での友人関係にも疲れた、もう生きていく望みを失った」との自殺企図者であった。

午後7：30自宅へ送り届ける。（東尋坊パトロール隊員も出動）

6月30日（木）　　福井県　57歳　男性

午後6時頃、救いの電話1番ボックス付近の岩場を徘徊しているところを発見して声掛けをしたところ「長年働いていた会社をリストラされ、貯金を食い潰し、退職金ときょうだいからの支援を受けて生活をしてきたが底をつき、ハローワークへ行っても職がなく、これ以上きょうだいに迷惑を掛けられないため自殺しに来た」との自殺企図者であった。

職安での職探しや面接にも同伴し、芦原温泉で住み込み稼動する世話をした。

7月5日（火）　　福井県　50歳　男性

午後4時頃、駐車場で2時間以上も車の中から出てこないため声掛けをしたところ「81歳の母親と2人暮らしで、15年間働いていた染色会社をリストラされ、母親を介護しながら母親の年金で生活を続けてきたが介護に疲れた。自分が死ぬことにより愛知県に住む兄夫婦を呼び寄せることができると考え東尋坊へ自殺をしに来た」との自殺企図者であった。

午後5時頃説得により帰宅。追跡した結果、元の生活に戻っていた。

8月17日（水）　　東京都　77歳　男性

午後6時30分頃、1人で来店した老人が岩場へ向かおうとしたため止めて話を聞くと「生活保護を受けながら精神病院に入院していた。娘に会いに行くため退院したところ、生活保護が取り消され、娘にも会えず、強い不眠症に悩み生活ができなくなったため東尋坊へ自殺しに来た」との自殺企図者であった。

警察署に引継ぐ。

8月19日（金）　　神奈川県　37歳　男性

午後6時30分頃、正面岩場付近のベンチで1人で考えごとをしているところを声掛けをしたところ「バイトで自動車関連の仕事をしているが、借金が70万円に膨れ上がってしまった。腱鞘炎・腰痛などで働けなくなった。親に生活支援も言えない。2日前に家出して自殺を考えて東尋坊へ来た」との自殺企図者であった。

同棲中の女性に連絡。午後9時頃福井駅から帰宅。翌日無事帰宅の電話受理。

9月14日（水）　　福井県　47歳　女性

午前10時30分頃、電話で「今から東尋坊で自殺する」との申告を受けたため急遽通報者と面会したところ「8年前に母親が死亡したことでＰＴＳＤとなっている。現在甲状腺腫瘍で大病を患っており、生きる望みを失った」との自殺企図者であった。

元気に生活する甲状腺腫瘍者を紹介し、心のケアにより回復。

9月30日（金）　　京都府　22歳　男性

午後6時30分頃、岩場の最先端で1人考えごとをしているところを発見。声掛けをしたところ「大学を卒業したものの就職が決まらない。高校時代からのいじめが続いており、人間関係がうまくできないため自殺を考えて2日前に家出をして東尋坊へ来た」との自殺企図者であった。

28歳男性を紹介し友人関係を構築、今後の相談相手になる。

10月2日（日）　　**栃木県　41歳　男性**

午後5時40分頃、岩場最先端で1人考えごとをしているところを発見。声掛けをしたところ「7日前に家出をして東尋坊へ来た。建築士として20年間働いたが2年前に病気を患い休職している。父親との人間関係が悪く、母親に最後の電話をし、今から飛び込むところだった」との自殺企図者であった。

ボランティア宅で1泊させ健康福祉センターに通報、午後7時頃緊急措置入院させる。退院後、福井市内のボランティア施設などで稼動を開始。

10月24日（月）　　**広島県　48歳　男性**

午後6時20分頃、松林の中を岩場に向かって行くところに遭遇し、声掛け。相談所で筆談したところ「一級の身体障害者（聾唖者）であった。理髪店を経営しているが書店で万引きしたと咎められ、責任の重さを感じて東尋坊へやって来た。子ども2人と妻の4人暮らしである」との自殺企図者であった。

警察署に引継ぐ。

11月6日（日）　　**大阪府　36歳　女性**

午前11時30分頃、岩場付近のベンチに長時間座り考えごとをしていたため声掛けをしたが拒否され、さらに午後1時40分頃、岩場で1人悩んでいたため相談所で会話。「昨夜午後7時頃の暗闇を1人で歩き回り投宿し、悩みごとがあるため再び来た、もう1泊したい……。所持金は7千円弱である」とのことで自殺企図者と思われた。

説得のうえ、午後4時頃、ＪＲあわら温泉駅で特急雷鳥に乗車させた。今後の相談にのってほしいとのことで、後日、私たちあてに手紙を出すとの申出があった。

11月7日（月）　　大阪府　60歳位　女性

午後3時30分頃、タクシー運転手から「三国駅前から東尋坊で今降車させたが女性1人であるため気がかりです」との通報を受けたため追尾したところ、岩場付近を迷走。午後6時頃の暗闇でだれもいない降雨の中、岩場最先端まで行ったため自殺企図者と認め、声掛けを行なった。「自分で考えての行動が何が悪い」とずぶ濡れのまま反抗し、説得にも応じなかったが、ようやく引き止めて午後6時30分頃、警察に保護を依頼した。

警察に引継ぐ。

11月29日（火）　　石川県　41歳　男性

午後4時50分頃、岩場を迷走しているのを見つけて声掛けをし、相談所で相談を受けたところ「アスペルガー症候群の障害者で無職である。昨年3月まで母親と2人暮らしを続けていたが母親が病死し、以降1人暮らしとなったが自病があるため自立ができず、自殺を考えてやって来た」との自殺企図者であった。

一泊させ、翌日、金沢市役所福祉課まで同行。生活支援の受給者に認定された。

12月1日（木）　　兵庫県　61歳　女性

午後4時50分頃、岩場を迷走しているのを見つけて声掛けをし、相談所で相談を受けたところ「難聴者で仕事に就けず、1人暮らしである。生活費として30万円の支払いが滞り生活ができなくなった。これ以上親戚や皆さんに迷惑はかけられない。関係者に遺書を投函後、親の位牌を所持して自殺をしに来た」との自殺企図者であった。そのときの所持金は430円であった。

明石市役所福祉課に通報、健康福祉センターに引継ぐ。

3月2日（木）　　**石川県　24歳　男性**

午後5時30分頃の小雪が舞い散る中、岩場の最先端で海面をじーっと見つめている1人の男性と遭遇。声掛けをし、相談所で話を聞いたところ「銀行マンであり、うつ病となって1ヵ月間の休暇を取って休んでいたが治らないため、自殺を考え約1時間佇んでいた」との自殺企図者であった。

遺書を自分の部屋に置いて来たとのことであったため、家族に連絡して引き渡す。

3月7日（火）　　**栃木県　28歳　男性**

午後6時頃、岩場を迷走しているのを見つけて声掛けをし、相談所で相談を受けたところ「サラ金で200万円借り、取り立てにあって会社も首になった。家族にも見放されたので遺書を郵送し自殺を考えてやって来た」との自殺企図者であった。

福井で一泊させて、翌日家族と今後のことについて話し合い、帰省させた。本人から帰省したとの連絡受理。父親から約束通りの対策を講じるとの連絡受理。

3月10日（金）　　**福井県　50歳　男性、50歳　女性（夫婦）**

午前11時30分頃、相談所前を元気なく岩場に向かって歩いて行く姿を認めたため、呼び止めて相談を受けたところ「妻は持病があり、さらに昨年子宮筋腫で手術し仕事にも就けず子どももできない。自分は昨年胃癌の手術を受けて以降気力をなくし、20年間勤めた会社をリストラされたためハローワークで職探しをしたが、ここ1年間すべて拒否された。生きる希望も夢もなくなったため心中を考えてやって来た」との自殺企図者であった。

知人企業への就職を斡旋。今後、生きていく望みや目標を考えても

らい、夫婦ともに再就職することを約束して帰宅した。

4月13日（木） **京都府　23歳　女性**

午前11時頃、東尋坊タワー駐車場を夢遊病者が歩いているような状態で岩場に向って歩いて行くところを声掛けし、相談所で話を聞いたところ「ビラ配りとヘルス嬢をやり働いているが人間関係が嫌になり自殺しにやって来た」との自殺企図者であった。

精神安定剤を多量飲用していたため、相談所で休憩させた。福井発午後6：43分のサンダーバード44号に乗せる。

4月15日（土） **愛知県　36歳　男性**

午後6時15分頃、1人で岩場に向って行く姿を認めたため、声掛けをしたところ「盲腸と十二指腸潰瘍を患い2回手術したが力が出ないため退社。2月から無職となり北海道など全国を巡り歩き、疲れ果てたため自殺を考えてやって来た」との自殺企図者であった。

福井市内のボランティア宅で1ヵ月間お世話になり、ハローワークで探した愛知県内の車関係の会社で再就職。

5月6日（土） **大阪府　40歳　男性**

午後6時頃、相談所前を元気なく岩場に向かって行く姿を認め声掛けをしたところ「2年前に離婚し子どもを妻に渡した。理容・美容師として働いていたが、1人の生活も嫌になり、今後の希望も夢もなくなったため自殺をしに来た」との自殺企図者であった。

あわら市内にある温泉旅館約10箇所を同伴して住み込み稼動先を探し求めたが見つからなかった。しばらく福井市内のボランティア宅で面倒をみてもらったあと、紹介した建設会社で仕事を開始した。

5月21日（日）　　石川県　28歳　女性

午後6時頃、所持品なく岩場で1人佇んでいたため声掛けをしたところ「会社役員である男性に失恋したため自殺を考えてやって来た」との自殺企図者であった。

彼女の友人に来てもらい、午後8時頃引き渡す。

6月14日（水）　　岐阜県　53歳　男性

午後7時15分頃、乗用車内に生活用品を積んで元気なく1人運転席にいたため声掛けをしたところ「3日前に辿り着き、水だけを飲んで空腹を耐えていた。3ヵ月前に離婚し職もお金もなくなった。今日が潮どきと考えていた」との自殺企図者であった。

あわら温泉の公衆浴場に案内。翌日、ハローワークで共に職探しをし、面接に同伴して土建業で住み込み稼動を開始。

6月18日（日）　　岐阜県　70歳　女性

午後2時30分頃、駐車場を力なくぼんやりと歩いているところを声掛けしたところ「岐阜市内のアパートに1人で住んでいたが45万円の家賃滞納があり、立ち退きとなった。市役所に生活保護をお願いしていたが3万円程度の住居を自分で探さないとダメだと言われたため、探し求めたが3ヵ月の敷金と1人の保証人が確保できなかった。その旨を市役所に言って生活保護をお願いしたが、やはりダメだと言われ、生活の途がなくなり、3日間の放浪生活をした後、自殺するために東尋坊に辿りついた」との自殺企図者であった。

岐阜の市役所に対して緊急保護を依頼。所持金がないため立替え提供し、ようやく養護老人ホームに収容が確定、生活を再開した。市役所から「なぜ現在地保護をしないのか？」とのクレームがついた。女性の子ども39歳は、全盲で障害者年金を受け、施設生活者

であった。

7月8日（土）　　石川県　60歳　女性

午後12時30分頃、長時間岩場淵にあるベンチに座り込み泣いていたため声掛けをしたところ「ロシア系米人であり40年前に結婚し子ども3人はすべて結婚して別所帯で生活している。主人62歳とは、日本のしきたりに合わないため17年前から不仲となり、昨年から離婚か自殺を考えるようになり、結論として東尋坊で日没を待って自殺しようと思っていた」との自殺企図者であった。

現場で約3時間、交代によるカウンセリングの末自殺を思いとどまり、午後6時発のバスで帰って行った。

7月9日（日）　　大阪府　28歳　男性

午前10時30分頃、岩場のベンチに寝ていたため声掛けをしたところ「幼少の頃からアトピーを患い、現在、顔や全身が侵されており痒くてならない。将来のことを考えると夢も何もないため2週間前に家出。預金を全部使い果たし、2日間食事もとっていない状態であり、今日、東尋坊で自殺するつもりだった」との自殺企図者であった。

アトピー治療について、大学病院教授から聞き取り伝える。重症のアトピーで長年治療を続けている現職の教員に来てもらい、本人に体験談を聞かせる。勤務先に電話し、継続雇用の了承を得た。所持金がないため提供し、帰省させたところ、午後6時、帰宅の電話が入った。

※これは平成17年1月～平成18年7月9日までの記録です。

福井県・東尋坊での自殺の現状
―― 過去30年間の統計 ――

昭和 51年	10人	平成 3年	25人
52	13	4	17
53	12	5	26
54	14	6	12
55	12	7	24
56	16	8	21
57	20	9	18
58	27	10	28
59	31	11	31
60	20	12	29
61	21	13	30
62	19	14	24
63	18	15	21
平成 1	12	16	25
2	21	17	26

総計 623人　年平均 20.8人

（■ 20人以上を示す）

※ 本資料は、福井県坂井西警察署の統計資料を抜粋したもの

福祉施設

もし明日、お金も住むところもなくなったら？　そういった場合、現在、日本国内で頼れる福祉施設は、大きく分けて次の三種類があります。

●生活保護施設

・救護施設／身体上または精神上著しい欠陥があるため独立して日常生活ができない要保護者を入所させて生活扶助を行う施設。

・医療保護施設／医療を必要とする要保護者に対して医療の給付を行う施設。

●地域福祉施設

・地域福祉施設／老人、児童などに対する各種福祉サービスの提供を行い、地域住民の福祉の増進を図る。

●老人福祉施設

・養護老人ホーム／六十五歳以上の者で身体上・精神上・環境上および経済的理由により居宅において養護を受けることが困難な者を入所させる。

では、ここに当てはまらない人たちはどうすればいいのでしょうか……。自殺者の増加の原因のひとつには、いざというときの受け入れ施設がないことも、大きな問題と感じています。とくに男性の場合は、「駆け込み寺」のような施設がありません。それを訴えたところ、全国から多くの受け入れ先としての支援申し込みをいただきました。

私たちがこの活動を開始して二ヵ月経つか経たないかのうちに、なんと全部で十箇所からの申し出がありました。この施設で立ち直るきっかけを見つけた人が数多くいます。感謝とともに、ここに簡単にボランティアの受け入れ施設をご紹介をさせていただきます。

●茨城県・新潟県のかたから

『私は定年退職して年金暮らしをしています。老後の私の生き甲斐としてボランティアをしたいと考えています。家には部屋数も多くあるので、生活に困っている人がいたら短期間であれば生活費も含めて面倒をみさせていただきます。部屋代などもいただきませんし、どんなかたでも結構です。一度に二～三人まででしたら大丈夫です』

●神奈川県のかたから

『私は建築土木の会社を経営しています。自分のところで働いていた職員で過去に自殺した人がおり、事業主が今でも責任を感じてボランティアをしたいと言っています。建築土木の仕事をしたいとかできると言う人で、生活に困っている人がいたら、いつでもいらしてください。当座の生活の面倒はみますし、病気になれば病院の手配もします。働けないほどの状態であれば、働きたいと思う気持ちになるまで休んでもらっても結構です。部屋数も多くあります』（現在休業中）

●石川県のかたから

『鉄工所を経営していましたが、今は高齢のため会社を閉めて年金生活をしています。多くの機械がそのまま残されています。使わずに放置しておくのももったいないので、生活に困っている人で鉄工所の仕事ができて、やる気のある人がいましたら声をかけてください。無償で機械などを提供しますし、当座の生活の面倒もみます』

●福井県のかたから

『レジャーランドを経営しています。空き部屋や布団などの生活用品を多く持っていますので、生活に困っている人がいたら来ていただければと思います。働く場所は、私の経営するレジャーランドでも、ほかの場所でも結構です』

●福井県のかたから

『建築土木の仕事をしており、宿舎も完備しています。当座の生活費の面倒はみさせていただきます』

●岐阜県のかたから

『私は、生活に困っている人たちを救うことを生き甲斐にしています。私たち夫婦には子どもがいないため、多くある土地を利用して人助けをしているのです。

山奥にいくつかのバンガローを持っており、またレストランを経営しています。生活に困っている人たちに来てもらい、レストランで働いてもらっています。すべてを任せる集団生活をしてもらっており、売上金のすべてを仲間が会計して折半して生活をしてます。

それぞれにバンガロー一棟を提供しています。食事も寝る場所の心配も無用です。もし生活に困っている人がいましたらいつでも食事や寝る場所は確保しています』

●京都府のかたから

『不動産業をしていますので、空家を多く持っています。もし生活に困っている人がいたら空家を無償で提供します。

仕事は自分で探してもらうことになりますが、仕事が見つかるまでの短期間の生活費でしたら面倒をみます』

●奈良県のかたから

『中華料理店を経営しており、夜鳴きソバの屋台を数台持っています。私は妻との二人暮らしで子どももがいません。大きな二階建ての家があり、そこで十人位まででしたら生活ができるスペースがあり、布団なども用意してあります。現在も、三人の生活に困っている人を雇っています。

短期間の生活費でしたら面倒もみますし、本人が希望するのであれば屋台ソバも任せます。屋台ソバの売り上げ金は、材料費を差し引いて全部そこで働いている人にお渡しします』（運転免許が必要）

●広島県のかたから

「ルンペン会」と自称している会長さんから電話をいただきました。

『生活に困っている人がいたらすぐにここへ来てもらってください。自ら命を絶つ人なんて本当に愚の骨頂だと思います。

私たちの生活に慣れるまでには三日間ほどの辛抱が必要です。公園で、仲間と共に囲碁や将棋、トランプなどをして、みんな毎日楽しく暮らしています。

役所の人や付近のボランティアの人たちが、毎日食事を運んで来てくださいます。病気をしたらすぐ医者にもみてもらえるし、公園で健康診断も受けられます。何も気兼ねせずに気楽に生活ができる世界です。老若男女を問わず歓迎します』

終章

「死にたいヤツには死なせておけ」か？

よく「死にたいヤツには勝手に死なせておけ」などという言葉を聞きますが、その言葉からは「死にたいヤツの考えなんて理解できるわけがない、どうせ『あちら側』の人間なんだから」という、自分のことしか考えられない様子がにじみ出ていて、私はどうも好きになれません。

一人でも自殺企図者に実際に接して、そのいきさつを聞いてみればわかります。今日までに約百人と遭遇し、私が身に染みて感じたのは、「自殺を考える人は、人一倍生きたいと思っている人だ」ということです。傷つきやすく、一方で人に迷惑をかけることを極端に怖れています。助けを求めたくても、遠慮して求められないから、とことん追い詰められてゆくのです。

そんな人たちを助けるためには、まず「話に耳を傾けること」、そして「共感すること」、さらに「受け入れ先などへの同伴」だと考えています。

多くの民間や行政の総合力を結集して「生きる希望」が持てる社会の実現化に向けた活動の輪を広げていきたい。そのために私たちは、今後も気力・体力・資金の続く限り、頑張っていきます。

私たちの日々の活動は、東尋坊タワーの真下にある店舗区画のひとつを借りた「心に響くおろしもち」店が中心です。ここでは、つきたてのおろし餅やきなこ餅、アイスキャンディーなどを販売して活動資金にあてています。また活動開始にあたって、もう一箇所「休憩処」というスペースを、その隣に設けました。

東尋坊のような観光地は、全国各地から観光客が集まって来ますが、最近ではただ景色を見て回るだけでない、プラスアルファの体験型観光への人気が高まっています。実は私は常々、ここ東尋坊で、各地の人がお国言葉で語り合える小さなサミットの場を提供できたらいいなと思っていました。

各県の自慢の品が飾ってあったり、全国各地の自慢話を生で聞ける憩いの場所。観光客から地元の人までが楽しめる場所です。自分と同郷の人が訪れ、記念の何かを残していないか探してみたり、行ったことのない土地の面白そうな行事を見つけて思いを馳せてみたり。

住所も名前も知らない人と出会い、語り合い、一期一会のひとときの思い出を胸にまた旅立てる場所。この場所をそんな癒しのスペースにしていきたいと思っているのです。

「心に響くおろしもち」店のチラシ

全国から送られた活動支援の手紙の一部

「何かを悩んでいるかたに渡してください」
と送られてきた、手作りのメッセージ入り
ポストカード

実は、私たちの活動は、地元の反対運動にあっています。当地は国定公園内であり、観光地ですから、

「ことさらに自殺を強調する自殺防止活動は、東尋坊のイメージが悪くなるので、活動は目立たないよう控え目にしてほしい」

と言われるのです。私はこれは詭弁だと思っています。なぜなら、過去三十年間、あの狭い地域で六百二十三人もの尊い命が亡くなっているのです。こういった現状があっても、実際は見かけだけの対策で、放置されたままなのです。

このように、見て見ぬふりをしている姿勢こそが、東尋坊のイメージを悪くしている根源になっている……そう思うからこそ私たちは、反対を押し切って活動を展開しているのです。県や町、地元の社会福祉協議会などにも活動資金の支援をお願いしてきたのですが、「地元が活動に反対しているから」ということを大きな理由に断られてしまいます。しかし、そういった中にあっても、この活動をやめるわけにはいきません。現状私たちは、年間百万円以上の私費を捻出し、ボランティアで活動を続けているのです。

このボランティア活動を続けるためにはどうしても、『三種の神器』が必要になります。

・暗い岩場や林の中もパトロールができる、強靭な志を持ったスタッフ。
・相手の話をじっくり聞き、心で話ができるカウンセラー能力を持ったスタッフ。
・活動資金

最後のひとつはともかく、前のふたつに関しては、実に人材に恵まれたと思っています。

とりわけ、立ち上げのときからこの活動に賛同して参加していただいた福本さんご夫婦には、現在も、活動を支え盛り上げる大きな推進力をいただいています。福本さんの奥さんにあっては、とくに熱い思いを持っている人であり、遭遇した人に対する説得力については抜群のものがあります。そしてスタッフ以外でも、私たちの活動をご理解くださっている地元のかたには、とても積極的なご協力をいただいています。

こうした多くの方々の協力のもと、私たちは東尋坊で自殺防止の活動を行ってきました。

また、活動の厳しい状況を理解してくださった全国の方々からは、今日までに浄財や多くの励ましの言葉をいただいております。

男性の駆け込み寺である受け入れ先を提供してくださっているボランティアの方々を始め、個人的な協力を惜しまず駆けつけてくれる毎日新聞の樋口岳大記者、曹洞宗永平寺所属の川上宗勇僧侶。ほか日本いのちの電話協会、東京・大阪自殺防止センター・NPO自殺対策支援センター「ライフリンク」の皆さんも、この活動に賛同いただき、立ち上がってくださっています。

また、私たちの活動をこの世に紹介したいと申し出てくださった21世紀BOXの勝見女史に対しましては、この場をお借りして厚く御礼申し上げます。

なおこの本は、私たちの活動内容をドキュメントとしてご紹介するものであり、自殺企図者等の登場人物についてはプライバシー保護のために氏名をすべて仮名とさせていただきました。

この本がなんらかの形で、皆様の生きる支えとなり、ささやかな日々の糧となることを祈念致します。

平成十八年十月

茂　有幹夫

【著者】

茂　有幹夫（しげ・ゆきお）

昭和19年福井県福井市生まれ。昭和37年福井県警察官となる。警察在職42年のうち約27年間、生活経済事犯（サラ金、マルチ商法、薬物事犯、福祉事犯、少年事件等）の捜査官として従事。平成16年福井県三国警察署副署長を最後に定年退職。
退職後、水際における自殺防止活動を始め、活動拠点として福井県東尋坊に「心に響くおろしもち」店を開設。特定非営利活動法人「心に響く文集・編集局」代表理事。「福井県自殺・ストレス防止対策協議会」委員。第36回毎日社会福祉顕彰受賞。

＜連絡先＞
福井県坂井市三国町東尋坊64－1－154
「心に響くおろしもち」店内
TEL兼FAX　0776－81－7835

東尋坊・命の灯台

二〇〇六年一〇月七日　初版　第一刷発行

著　者――茂　有幹夫
発行者――籠宮良治
発行所――太陽出版
〒一一三―〇〇三三
東京都文京区本郷四―一―一四
電話　〇三―三八一四―〇四七一
FAX　〇三―三八一四―二三六六
http://www.taiyoshuppan.net/

印　刷――壮光舎印刷株式会社
株式会社ユニ・ポスト
製　本――有限会社井上製本所
編　集――勝見雅江　伊藤温子
写　真――平島　格
装　幀――有限会社オムデザイン　道信勝彦
